因为爱，所以爱

真鑫原创亲子教育读本

主　编　吕子恒　王　畅

副主编　陈东毅

辽宁大学出版社

图书在版编目（CIP）数据

因为爱，所以爱/吕子恒，王畅主编. －沈阳：
辽宁大学出版社，2018.1
ISBN 978-7-5610-9003-9

Ⅰ.①因… Ⅱ.①吕…②王… Ⅲ.①青春期－家庭
教育 Ⅳ.①G782

中国版本图书馆 CIP 数据核字（2018）第 000319 号

因为爱，所以爱
YINWEI AI，SUOYI AI

出 版 者：辽宁大学出版社有限责任公司
　　　　　　（地址：沈阳市皇姑区崇山中路 66 号　　邮政编码：110036）
印 刷 者：朝阳铁路印务有限公司
发 行 者：辽宁大学出版社有限责任公司
幅面尺寸：170mm×240mm
印　　张：8.75
字　　数：100 千字
出版时间：2018 年 1 月第 1 版
印刷时间：2018 年 1 月第 1 次印刷
责任编辑：于盈盈
封面设计：韩　实
责任校对：齐　阅

书　　号：ISBN 978-7-5610-9003-9
定　　价：50.00 元

联系电话：024-86864613
邮购热线：024-86830665
网　　址：http://press.lnu.edu.cn
电子邮件：lnupress@vip.163.com

本 书 编 委 会

主　　编：吕子恒　王　畅

副主编：陈东毅

编　　委：孙文毓　廉清娟　陈金泽

　　　　　王晓泓　王子怡　韩坤烨

序

  真鑫教育位于海滨城市、浪漫之都——大连，坐落在美丽的星海公园附近。2008 年 6 月我带着儿时的梦想来到这里并创办了这所学校。在办学过程中，我始终坚持"把每一个学生都当成自己的孩子"的办学信条，一路走来，帮助无数孩子圆梦重点学府。可以这样说，从真鑫走出去的每一个孩子汲取的不仅是丰富的知识，收获的更是一种从容自信的态度、乐观豁达的情怀，而这种品质将影响他的一生。

  在教育教学中，我遇到过形形色色的学生，接触过各种各样的家长，也调和过难以化解的矛盾。我深刻地体会到，孩子的学习问题其实都是小问题，而孩子的心理健康问题才是最棘手的，往往是问题的根源，也是我们学校最应该抓起的！想解决孩子的心理问题就必须从孩子所处的原生家庭考虑，而家庭教育、亲子关系问题就是我们的切入口。怎样快速、直接地走进每一个家庭并帮助到每一个家庭呢？我们真鑫团队酝酿了一年多的想法，终于在 2016 年 6 月落实了。2016 年 6 月 6 日，真鑫教育在 200 多会员的配合下，顺利开展了第一期微课堂直播，以后的每期，我们陆续请来了教育界的名望人士、青少年心理专家和一线中学教师等来做客，从不同的角度去解读青少年成长的困惑和应对策略，也邀请了有着成功教育经验的学生家长和优秀的学生代表来分享自己的心路历程。经过一年多的努力，真鑫亲子微课堂改变了很多家庭的育儿观念，也让很多父母在面对青春期的子女时更加从容、温和。我们每一期的直播节目都是有爱、有泪、有故事的。

　　时光荏苒，转眼一年多了，回首真鑫教育一路的发展不禁感慨万千。在真鑫教育创办十周年之际，我们的亲子微课堂成了十年结点中的一枚勋章，不仅帮助了很多家庭，也成了我校办学的一大特色。但是微课堂毕竟是通过更先进的传媒方式来传播，我们希望以最淳朴的方式把这些珍贵的语音记录下来，永远保存。所以我们把每一个真实的案例、温情的故事辑在一起，编写出亲子教育读本，让更多的人了解我们第一季亲子微课堂，也让更多的人从中受益！

吕子恒

目　　录

第一篇：

家庭间最美的语言

该怎么爱你，我的孩子

直播间的各位家长朋友大家晚上好！今天是大连真鑫亲子微课堂的首播日，此刻我内心百感交集。既激动，又感动，又担心。激动的是终于等到了这一天，终于可以把办学过程中的一些想法和家长共同分享，进而能够解决一些家长最为迷茫、最为棘手的问题。感动的是我们真鑫大家庭的家人们长久的支持、鼓励与信赖。特别是我们的项目在几次试麦的时候，得到了大家宝贵中肯的建议和最实用的意见。但同时又伴随着一种担心，因为教育一定是见仁见智的，每个人都有不同的理解，不同的想法。但我可以负责任地讲，每一个教学案例都是在我教学过程中真实发生的，也是较快给出解决方案的。

在这个直播间里有年轻的妈妈，还有年逾花甲的奶奶爷爷。不论年龄大小，在教育孩子的时候都有自己的方式方法，有很多成功的方面是我可以借鉴的。但为什么他们还来收听呢？概括来讲可能有以下这几种情况：

（1）从别人的视角去观察自己的孩子，看孩子身上存在哪些问题。

（2）来听听老师的讲课，了解了解他的水平。

（3）打着"负责任"的旗号来到了直播间。

（4）还有些家长是虚心的，用心地听听老师讲的问题，再反思自己出现了哪些问题，哪些地方需要调整和改变。

我们来分析一下家长的这几种心理。教育成功的家长往往是学习型的家长，但是教育不成功的家长，永远是不愿走进孩子的内心的家长和不愿意真心实意听课的家长。另外，还有些家长会提出：老师，我家孩子现在还小，有些问题好像不适合我。那你就大错而特错了。你家孩子小，就更应该听了。习惯不是一朝一夕养成的，而是慢慢地积累而形成的。很多问题不仅仅是长大之后才会有，而是很小的时候就存在了。还有些家长说，我孩子高考毕业了，也没有必要听了。我听完后，又想乐，又生气。读过书的人都很清楚一个最浅显的道理"十年树木，百年树人"。在这里我要说：谈教育，说教育，一定是像我们这种天天做教育，离孩子最近，离家长最近的老师，才有发言权。比较了解我的家长可能会说：你的孩子也不大，你能谈什么道理啊。我也悄悄地告诉你，我办学十年来，接触过各种各样的学生，接待过形形色色的家庭。我把每一个学生当成我自己的孩子，我相信我做到的这些，要比说这话的家长强。试问你对自己的孩子又倾注了有多少呢？所以，我要说的是，今天我谈教育，是我在传递经验，传递爱。

在这里，我要介绍一下我们授课的模式。我们采用微信语音，全网直播，这是互联网恩赐予我们这个时代的便利，受众群体十分广泛。全国范围内的家长只要您用的是智能手机，都可以进来，还可以反复收听。为了收听效果最佳，最好是等直播结束后一起收听。因为在直播语音时会出现断节的部分，所以直播后听效果最佳。

当然，有些孩子身上表现出了明显的问题。比如：现在已经休学在家无法上学的；和家长顶撞导致亲子关系破裂已久的；早恋问题已经严重影响学业，家长束手无策的；多动习惯已经无法扭转的；等等。针对孩子成长过程中遇到的一系列问题，我们将会开设精品课堂，针对出现此问题的原因进行分析，找到对策，拿出方案，甚至可以到我的学校进行面谈。我们会就具体问题进行具体分析，制订精品课堂主题和课时计划，直到帮助您解决问题。

每次会员在直播间直播，我们会在直播前一周通过群公告的形式通知给每一位家长。高考升学考试就在眼前，准备一小时的稿子需要一周到两周的时间。因为不仅要内容实用，还要观点深入浅出，所以课程内容也都是当下家长最棘手、最不想面对但却必须面对的课题。

因为我们是课堂，所以要有课堂设计：

（1）答家长问：回答一到两个家长提出的教育子女过程中的具体问题。

（2）我讲您听：讲解今天的主题。

（3）这就是理：这节课留给大家都有哪些启示或家长应该改

正或注意的问题。

我们以前收到好多家长朋友的私信，提出各种各样非常棘手的问题，有关于孩子学习习惯的，有孩子不听话叛逆的，还有早恋的……我选择了来自大连的一位高中学生家长的咨询，原话是这样："怎么对待孩子不完成做作业的问题，唠叨、嫌烦、打骂不是办法……好无奈，就现在而言，脾气大的厉害。"

这是家长的原话。首先，我要告诉这位家长及面临类似问题的家长，孩子出现这样的问题或做出这样的反应，太正常不过了，不过分。不信，这么多作业你做做试试。

这点确实是当前教育形势下的悲哀。

有的老师留的作业确实无用，我指导过的学生经常和我讲，老师留了多少多少作业，根本做不完。烦躁，所以选择应付，要么抄同学的，要么乱写一通，结果完成的作业一点没起到作用。当然大环境问题我们说不了，那咱就从作业本身的问题来入手。看看作业量是不是很大，看看孩子做题的时候是不是遇到太多不会的问题，要不就是磨蹭的毛病。

有的学校留下了大量作业，题海战术。这时候家长了解情况后要与学校进行沟通，总比孩子抱怨或应付强吧。如果作业量并不是太大，孩子确实也在写，但他不会，所以拖时间。面对这样的情况，家长要及时跟孩子沟通，把不会的先放下来，先做会做的。

还有一点极为关键，就是做题的习惯问题。孩子做几页的作业就要耗时几个小时甚至一晚上。有的孩子做作业的时候，一边玩手机，一边吃瓜子，不能集中精力认真地去做作业。一位学生家长给我打电话说："吕校长，我孩子上课一定得让他吃，不吃可不行啊，他有这个习惯。"久而久之我也不敢说他。但是好多同学都看到了，同学都看着他，再看看我，我也无语，只能看看黑板。什么习惯啊，这不就是坏习惯吗？其实，针对此问题我多次和他家长谈过，告诉他们孩子看书写作业，桌上就放书，别的啥也不要放。孩子做作业的时候眼睛能看到的就是这本书的内容。

当孩子没有很好地完成作业的时候，家长要了解属于哪种类型，看是属于作业量大，还是不会，再或者是习惯。

其实家长面对这些问题，首先要做的是了解情况，然后来帮助孩子解决这些问题。切记不要在旁边一直说教。说心里话，你唠叨谁，谁都不高兴，而且会起反作用。最主要的是，这个阶段的孩子正处于青春叛逆期，不愿意或者听不进去别人的意见，尤其父母的意见。因为这个阶段的孩子正处在从懵懂渐进成熟的过程，思想正处于争执的阶段，情绪化极为严重。

家长不妨先倒杯水坐到孩子旁边，看看孩子的作业量。如果确实多，可以感慨下：这么多作业啊，孩子又要熬夜了，妈妈能为你做点什么吗？有不会的吗？可不能熬太晚，注意身体啊……（在这里我要说的是家长真的没有必要坐在孩子旁边陪孩子学到深夜，这丝毫不起作用。当然，这种做法也分家长，有的家庭亲子关系已经出现问题了，就要视情况而定了。）然后，就可以出去了。我们大家想一想，家长如果这样去表达，孩子内心会在想什么呢？又会起到什么作用呢？

（1）满满的爱，全是温暖。拉近了和孩子的距离。

（2）通过交流，能够及时发现问题，解决问题。

（3）孩子会在温暖和被关心的状态下高效地完成作业。

我个人认为这样做比你大声训导或唠叨要好得多。另外，要和孩子处于一个战线，千万不要批评孩子。

这个问题给我们的启示是：理性的思考分析加上温暖的关注、关怀会促使孩子高效地完成任务。

在此，也欢迎家长们多多提出问题，您的每一个问题，我们都会记录下来，给您回复。

接下来到了我们今天的主题板块了——"我讲您听"。今天首播的主题是：我该如何爱你，我的孩子。

我们必须肯定的一点是一个优秀的孩子背后往往有一个和谐幸福的家庭，一个身上有种种问题的孩子的背后肯定有一个不和谐的家庭或不理性的父母。

一、陪伴

上帝是公平的。在教育孩子的问题上，孩子小的时候父母付出得越多，教育得越理性，越科学；孩子大一点的时候，父母就会越省心，越有成就感。

付出就是舍得，有舍就有得。我们教育了无数的孩子，成就了无数个家庭，但舍弃了更多的时间去陪伴自己的孩子和家人。无数父母都是这样。有一份耀眼而光鲜的职业，但却有一个不成功的家庭教育。在如今这样一个快节奏的社会确实需要来到孩子的面前，走近孩子。有一个词叫"陪伴"。这个词在过去分量很重，当下也很流行。因为，现在社会大家更加注重了人文关怀，无数的家长也开始纷纷反思，于是扔下了工作，去陪读，去陪护孩子生活，时时刻刻地陪着孩子。其实，今天我要和大家讲的就是什么叫真正意义上的"陪伴"。首先，陪伴，不是一直在身边陪着就叫陪伴。我们讲的陪伴不是给孩子身体做伴，而是和孩子成为心灵的伙伴，要进行合适的交流，走进孩子的内心。陪伴是心灵的守护，相互吸引。所以这个"伴"是伙伴，要参与孩子的活动，了解孩子的想法。所以，哪怕您不在孩子身边，只要和孩子形成默契，有了心灵的沟通，这种陪伴就是真正意义上的爱孩子。另外，在孩子成长中的不同阶段，陪伴也是不同的：小的时候陪着孩子玩，观察孩子的兴趣，激发孩子的潜能；稍大一点，父母的陪伴更多的应是欣赏、鼓励、关爱，不断了解，不断走近孩子的内心。有的家长经常说走不近孩子内心，不知道孩子一天在想什么。那我试问一下，你孩子在哪个班？班主任老师都在讲什么你清不清楚？家长会你参加了几次？若是这些都做不到，你怎么才能走近孩子的内心呢？

作为一个有责任、有爱心的教育工作者会体会到家长的真诚，教育孩子的热切期盼，家长多和老师沟通，老师才能更了解孩子的情况，从而帮助孩子。希望家长反思下自己的问题，也希望各位家长从明天开始主动联系孩子的老师，学会和老师沟通。至少，我特别喜欢和家长沟通，因为这有助于教学，推动教学。对主动询问的家长，真鑫学校的大门永远向您敞开。

其实，办学这么多年来，接触了很多家长，孩子上课时，也进来跟着听，我很是高兴。虽然这可能会让孩子失去主动学习的能力，有些影响孩子听课，但你也在陪伴着孩子。另外，有这样的家长让我特别不解：家长坐在教室里摆弄着手机，有时候还出去接听电话，自娱自乐。可能他自己觉得没啥，但孩子会觉得很不好意思。我们想一想，父母的这种陪伴有意义吗？所以，真的不要打着陪伴的名义，伤害了孩子的内心。

陪伴不是单纯意义上的陪着，也不是简单意义上的陪护，而是需要走进孩子的内心世界，与孩子交流问题、沟通情感，成为孩子心灵的伙伴。这样的陪伴才是真正的爱孩子。

让我们陪孩子慢慢长大，让孩子用爱陪我们到老。

在陪伴孩子的成长路上摸爬滚打。也许若干年后，年老的我们和长大后的孩子们回首往昔，在生命成长的独特感受中，了解上天对我们的馈赠。它让我们能更清晰地看待生命，对待成长。

二、榜样

家庭是孩子的第一所学校，孩子是父母的第一任老师。孩子的生活习惯和处事方式都带有父母的影子。因为孩子小的时候学习的重要方式是无意识的或者有意识的模仿。其实这个时候，榜样的力量是最大的。家长一直奢望找好老师，找名师，找好伙伴，甚至花钱给孩子找好的同桌，真的是不惜一切代价，给孩子寻找最有力量的榜样。但有的家长却忽视了一个最重要的问题，那就是我们自己。我们做家长的这个对孩子影响最强大的榜样必须做好，当个好爸爸、好妈妈，对于一个成长中的孩子特别重要。这种榜样不是指那种在事业上多优秀的父母，而是在基本的言行上能给孩子起到典范作用的父母。比如，有这样的家长，吃完饭后就躺下了，看电脑、玩手机、打牌，或者在子女面前什么都讲，甚至说脏话，等等。久而久之，父母身上的这些坏习惯孩子样样"精通"。

大家回忆一下自己有没有这样做过。

相反，当看到孩子正在写作业，微笑着走过去，给孩子倒杯水，什么都不用说，孩子会是什么样的感受呢？或者和孩子聊聊这一天在学校有什么开心或不开心的事情啊，让孩子从内心深处感受到父母的爱，而不要上来就问考没考试。这样孩子就会觉得爸妈关心最多的是我的内心及健康，我要更加努力学习回报父母的爱。所以，做父母的要一点一点地改变，从现在开始，为了我们的孩子，即刻改变。

有的家长一定会说：我知道这样做是对的，但改不过来啊。就像我讲到过的手机问题，如何正确使用手机。后来好多家长说，老师我也知道这样不好，改不过来啊。

我对这样的家长很无奈，他们想舒舒服服地玩，还想教育好孩子，哪有那么好的事啊。

榜样不仅是您的事业多成功，而是生活中的点点滴滴言行规范。试想一下，你都一天到晚手机不离手，还想不让孩子玩手机、玩电脑可能吗？所以，榜样的力量是无穷的，父母想让孩子做到的事，自己必须先做到。另外，榜样是给孩子一种前进的、向上的动力，是一面镜子，是一面旗帜，是奋斗的目标和参照物，是一种精神引向，绝对不是用自己的要求和标准刻画成另一个自己。我身边有一位这样的朋友。她在生活中总会要求别人也像她一样拼，一样努力，而对自己孩子更是如此，把自己未完成的心愿强加给孩子，让孩子去替她完成。这样的"被榜样"我们不需要，也要不得。

三、分享

爸妈要学会和孩子共同分享快乐，同时也要让孩子知道生活中的不容易。让孩子清楚榜样不仅是那种表面的光环，还要为这个光环付出一切努力。咱们学校的一个学生家长就做得很好。父母都是实实在在的生意人，平时也尽量抽出时间多和孩子交流，有时候生意上忙不过来的时候还经常让孩子去帮忙，孩子看到了父母工作的场地，还有父母工作的样子、状态、工作强度。一家人在一起忙碌着，父母的付出，孩子看在眼里记在心里，知道父母的不容易，从而更加努力学习。

这个案例其实告诉我们的是，做父母的分享快乐给孩子的同时，也该分享给孩子生活的不易，要不然孩子会觉得今天的生活太容易了，一切都理所当然，不懂得珍惜也不懂得付出。

俗话说，身教重于言传。还有一点更为关键的就是，家长这样付出，让孩子在内心树立了父母良好的形象。

但是，分享不等于怨声载道，更不要经常在孩子耳边传出："我为了你，付出这么多，你还这样，你将来要是不好好地孝敬我啊，就是个没良心的人……"

四、幸福

家庭幸福是孩子健康快乐成长至关重要的因素。很多家庭条件很优越的孩子却丝毫感受不到快乐。除了上面讲到的缺失陪伴外，还有一个普遍现象——单亲子女。办学十年来，在成千上万的学生中近三分之一是单亲孩子。有的最开始家长咨询时就已经了解到，还有的后来通过同学老师了解到的，极少甚至没有孩子主动说我是一个单亲家庭的孩子。其实，单亲家庭的子女很容易判断出来。他们大多数很内向，眼神不去直视老师。学习成绩下滑的也是较快的，迅速成为我们所说的"问题孩子"。我曾指导过近50名单亲家庭的孩子，我也试图走进过单亲子女的内心，但他们的心始终是包裹着的，不愿意表达，更不愿意提及，那是他们的痛点。但他们又是孩子，眼神中特别迷茫、恍惚，因为他们经历了父母情感的争执，矛盾的不断升级，以至于家庭的最后解体。他们很无助，不知道该怎么做。2009年，也是我办学的第二年，我接触到了这样一位学生。当天应该是一个下午，孩子是妈妈领过来的。妈妈是很阳光、很热情的妈妈。来了后，寒暄了几句后，请家长坐了下来。我一直在关注着这个孩子，他走在妈妈后面，穿着一件蓝色格子的衣服，很规整，可以见得妈妈平时照料得很细心。我注意到了孩子的两个细节，这两个细节让我对这个孩子及这个家庭的背后有了些思考。第一个细节是这个孩子把衣服最上面的扣子扣得很紧，炎热的夏天，又是下午。还有一个细节是这个孩子的两个手一直是攥着的，并且是攥的紧紧的。我没多说什么，让孩子也坐了下来，接下来就和家长开始谈课程问题。然后妈妈问孩子想学什么，孩子不出声，妈妈说就先学学数学吧，孩子的语文班主任教挺好啊！就这样，第一次的见面就结束了，课程定好了，给孩子选派一个非常有经验的一对一的男老师，男老师特别负责任，讲课很卖力气，业务水平也高，就这样开始了第一节课。第二节课，一切都是那么的正常。就在我觉得一切都正常的时候，第三节课上课的时候，学校的学管老师来到我办公室，说校长你去看看吧，这孩子在教室里一直用拳头打墙。我立即奔向教室，这时孩子气的站着面向墙，老师也惊呆了，呆呆地站在那里。说句心里话，当时我也有点蒙，这咋啦？我先是走到孩子身旁，但这时候孩子在躲着我，眼神在怒视着我。这是这个孩子第一次正眼看着我，眼神中带有一种少见的愤怒，他的这种怒气中还带着些许恐惧和害怕。这时，我在离这孩子稍微远一点的距离先坐了下来。我让学管老师及数学老师先行离开。接下来，年轻的我，也确实很无奈，不清楚发生了什么事。我只好做出了双手抱头很无奈的样子，迟迟不出声，孩子也不出声。教室里面死一般的静寂，连一根针掉地上的声音都能听得见。这样持续了大概五分钟。怎么办？问题得解决吧。就在我抬起头的瞬间，我听到了抽泣声，孩子在抹着眼哭。我没敢走近，轻声说孩子你坐下来，好吗？怎么啦？如果你不想说，可以坐下来听我说吗？你现在手还疼吗？孩子摇摇头。我说，老师虽然刚才不知道发生了什么，但我想你一定很难过，如果你觉得沉默会让自己舒服些，那你可以不回答，好吗？孩子重重地点了点头。这一点头，让我心里有了底，因为我们已有了交流。接下来，我没追问什么，因为孩子会反感。我一直在自己说。我说你看老师今年多大年龄啊，觉得我像教哪科的啊，有人说我不像个老师，胖乎乎的，不是大款就伙夫对吧。我说说自己笑了，孩子也笑了。哎呀妈呀，这个一笑啊，我差点哭出来。对啊，确实感动啊，因为找到谈话的口了，切入点有了。孩子的一哭，一点头，一笑间让我感受到了他的内心在发生着变化。接下来，我就没再和孩子谈什么，因为今天主要是安抚下孩子的情绪，让他对我有一个相对好的印象，如果再追问什么，他的内心又会封闭起来。所以，我就让孩子在我的办公室写作业，让学管老师在旁边给解答。我找到了上课的数学老师，了解了一下刚才的情况。老师说这个孩子数学基础特别差，甚至没有基础，给他讲课，他看似在听，其实在走神。所以根本接受不进去，刚刚就是因为前两节课讲的最基本的例题让他再做一遍，他一步都写不下来，我就批评了他几句。但我也是为他好，没想到，他站起来，就狠狠地用拳头打墙，我想制止，他反而更为厉害，我怕出什么事情，所以叫学管找到了您。我说，我知道了。

　　和数学老师谈完话后，我回到了办公室，再看孩子坐在那里写作业，令我疑惑的是，这孩子一个字都没写。我走到他跟前，笑呵呵地说："孩子，今天到这里吧，早点回家。记住，有啥事找我。"孩子看了我一眼，走出了我的办公室。看着孩子渐行渐远的身影，我的内心很是不安和焦虑。我随即给家长打了电话。我说您方便的话到学校来一趟，关于孩子辅导的问题，我们谈一下。家长问，老师孩子是不是给你们添麻烦了。我说没有，您过来谈谈咱们如何能更好地辅导孩子。家长没过多久就来到了我的办公室，进来的时候和第一次送孩子来的时候，表情截然不同。有些疲惫感和沮丧。还没等我说话，她就开口讲："孩子是不是不懂事了？老师，其实这几年一直是我一个人带孩子，我身体还不好，对孩子的教育也很失败，老师对不起……"家长说了特别多的话，并且语气十分无力，似乎在求助。我打断了妈妈的话，我说："大姐，孩子很好，我一定能带好他，请您相信我。好吗？"妈妈说："老师，几年前，我和孩子的爸爸经常吵架，种种原因没办法继续走下去了。每次争吵孩子都会听见，我几次看见孩子在屋里哭，在流泪，自己用手打着房间的墙。我很害怕，怕孩子会怎样。我做妈妈的，心里特别不是滋味。一次孩子走进了我的房间，抱着我哭，说：'妈妈我内心特别希望有一个温暖的家，有爸爸妈妈。但是我大了，不能让妈妈难过，我尊重妈妈的选择，妈妈我以后做你的天。'老师您知道吗，儿子之前特别开朗，现在孩子不愿意交朋友，不愿意说话。回到家，吃完饭后就回到房间里自己看电脑。作业也不写，老师几次给我打电话，把我叫到学校，我回家没有批评孩子，因为总是觉得亏欠孩子太多。特别是到过年过节的时候，孩子总会坐在我旁边，她怕我难过，他是一个懂事的孩子，我不奢望孩子将来在学业上怎么样，只要快快乐乐地成长就好。"听完家长说完这些话，我心里挺不是滋味的。因为毕竟面对的是一名 14 岁的初一的孩子。作为妈妈，认为没有给孩子一个完整的家庭就是永远的亏欠，让孩子快乐是她唯一能够做到的。最后，我和妈妈承诺，一定会带好这个孩子，并且我亲自来带。就这样，这个孩子我一带就是三年。这三年里发生了好多事情，但最让我开心的是孩子乐观开朗了，朋友也越来越多了。只是孩子没考入高中，上了技术学校。现在快要工作了，每次放假都会来学校找我。孩子个子也高了，还谈了一个女朋友，特别不错，生活也很开心。孩子说你是我永远应该感谢的人。因为你打开了我的心结。

今天和大家分享这个案例，其实就想告诉大家，爸爸妈妈是孩子健康、快乐成长的后盾。家庭的幸福，就是父母给孩子最好的爱。

今天和大家谈了这么多，其实总结起来就是：真正的爱需要心灵的陪伴，和孩子做志同道合的朋友；做好孩子的榜样；和孩子分享童年的快乐，同时也和孩子分享父母生活中的不易。爱孩子的前提就是给孩子一个温暖、幸福的家。

（吕子恒）

爱是打开孩子心灵的窗户

很多人都问我，教育孩子的最好方法是什么。其实我们应该清楚，每个孩子的特点都是不一样的，所以教育孩子的方法当然也不一样。优秀和成功是不可复制的，但父母给予孩子正确的爱是必需的。当孩子出生，来到我们生活中的时候，我们是那么的兴奋，因为从此以后，你的生活中多了一位爱你和你一生都要去爱的人，而你从此也多了一个称呼，其实更多的是一种责任。2015年9月29日早晨7点半，我的女儿出生了，女儿的降生为我们家增添了无限快乐。在看到女儿的那一刻，我生出了一种从未有过的感觉。看着孩子躺在襁褓里的模样，在场的所有人都说和爸爸一模一样，就连吃东西时候的样子都和我极为相似，我很自豪很开心。时间一点点流逝，女儿慢慢长大了，现在的女儿会叫爸爸妈妈了，那种清脆动听的声音是我听见的最美的声音。每天我一回到家里，女儿就主动让爸爸抱，去亲我的脸，紧紧地抱着我的脖子。那一刻我所有的疲惫和烦恼都荡然无存。是的，女儿和我特别亲。身边的朋友和家人都说女儿和爸爸亲，在我的身上，真的是这样。但我此刻要说，作为父母要学会爱自己的孩子，每次抱女儿的时候给女儿的微笑是最天然的，眼神也是最温暖的，拥抱也是最结实的。女儿感觉得到爸爸的爱，所以她最爱我，爱是相互的。如果你真心地爱孩子，那么孩子也会特别的爱你，这是坚不可摧的真理。

　　前段时间播出的一档综艺节目——《真正男子汉》，起初接触是因为里面都是最真实地挑战内心的节目，并且都是一线明星，很好看。的确前两期节目真的看得很过瘾，明星挑战身体极限很励志。在第三期节目播出 26 分钟的时候，每位明星都要给家人打个电话，此时年龄最长的嘉宾湖南卫视著名节目主持人李锐，他拨通了女儿的电话。女儿大声地呼叫："爸爸我爱你。"李锐开始和女儿说："女儿你知道吗，爸爸今天特别累，也特别勇敢，爸爸今天从直升机上拽着绳子下来，你说爸爸勇敢吗"。在场所有的明星和战士还有观众朋友都会以为女儿会很开心的时候，李锐的女儿并没有夸赞父亲多厉害，而是在问："爸爸你受伤了没？你只需回答我这句话就好。"当时在场的观众都泪奔了。女儿——贴心的小棉袄，瞬间温暖了他，一个 43 岁的"老麻雀"。李锐女儿今年 8 岁，小名跳跳，特别的乖巧。有如此可爱的小女儿，是因为父亲给予了孩子最温暖的爱和坚持。李锐在《真正男子汉》中，年龄最大，但表现出的军人风采却是令人敬佩的。在几次体能训练和实战中，他都身体透支，但他依然表现得很精彩，这样的坚持怎能不影响成长中的女儿呢？在李锐这位父亲的身上，我学到了很多。虽说父亲常常是沉默无言的，但需要适时的表达。父亲的形象对子女的影响也非常大，如果父亲是一位意志坚强懂得坚持的人，那么你的孩子就是一个坚强坚持的人。如果父亲是一个好逸恶劳情绪失控的家伙，那么孩子迟早会出问题的。父亲在孩子成长中的作用是不容忽视的。他不同于母亲，母爱细细的暖暖的融入孩子心中，而父亲却是孩子成长的标杆和旗帜。

优秀的父母大多也会培养出优秀的孩子，同样，不懂得如何爱孩子的父母，也会让孩子伤痕累累。2010年，我接触一个男孩子，当时孩子读沙区的一个重点初中，来我们学校的时候他正在读初二下学期。那是一个午后孩子和爸爸一起过来的，我们学校的学管老师和爸爸了解情况后，得知孩子不愿意来学校上课。孩子现在正处于叛逆期，和父母的关系很紧张，父亲也是多次做了孩子的工作，孩子才来到这里。

当时我还在上课。我走到办公室的时候，场面很尴尬，一位爸爸正呆呆地坐在那里玩着手机，而旁边一个十四五岁的男孩子神情满是惆怅地坐在那里，闷不吭声。其实面对这样的孩子和家长，我们太熟悉应该怎么做了。我友好地和孩子的爸爸打了个招呼，爸爸也是非常客气地和我握了握手，而孩子此刻脸还是没有转过来。我心想着，就是一个小孩，爸爸都没方法，那我们又能怎么样呢。初次接触很重要，我明明知道，就是这个小孩，但我偏偏不和他说话，我问学管老师："今天还有什么事吗？"老师说："这个孩子及家长想咨询课的问题。"我说："哦，哪个小孩。"学管老师说："孩子你到这边坐。"孩子起身坐到了我的对面。按常规这些和孩子沟通的问题都是学管老师完成的，我没有必要亲自来谈。但我觉得这个孩子应该由我亲自来安排。坐在我对面后，孩子依旧不看我。这个时候依据心理学的角度，孩子需要进行简单的倾诉和沟通，所以需要安静的环境，这也是对孩子最基本的尊重。学管老师把孩子带到了教室，但孩子从办公室出来的时候，他的目光从未凝聚，从未落定。从办公室走出来，一个眼神、一个转身都没有留给父亲，径直的往教室方向走去。他和学管老师在往教室走的路上，书包是拖在地上，眼睛是看着两边的墙壁。我在后面看着，心中已经基本了解了孩子的问题：①对学习已然失去兴趣。②现在的情绪很糟糕，没有目标，没有方向。③对家庭学校感到很失望。短短的几分钟我的情绪不断地发生变化，但我不能说，我想听他说，我一定要帮助这个迷茫的孩子。走到教室里，孩子选择坐在教室第一排边上的位置，我理解。我让学管老师出去，就这样教室里就只有我们两个人了。我需要和孩子有交流，但不能乱说。这个时候，内容和语气很重要，也决定着孩子的情绪和状态。我说："你现在一定特别期待早点回家，尽快结束这个谈话，对吧？因为我也是从你这个年龄过来的，不喜欢和别人说，不喜欢被别人管，特烦。其实有的时候回头想一想他们也是为我们好，你说是不？"孩子看着我，仿佛得到了巨大的认同。就这样我们作了简短的沟通，孩子的情绪由排斥到勉强接受，这就成功了一半。从此孩子就开始了在我校的辅导。爸爸在我们学校为孩子定制了三个学科，语文、物理和化学，而孩子很是拒绝，最后只选择了语文。也许是孩子觉得不好意思拒绝我吧，也许是爸爸希望通过我的教学能引导孩子吧，于是我就开始给孩子上课。我上课时特别留意了孩子的变化，孩子在课堂上开心地笑了几次。虽然我确定他现在对我应该有些好感了，但是我还是没主动走近孩子，而是有距离地看着他。几节课下来，这个孩子每次都早早地到教室坐好，等着同学，等着我上课，课上的发言次数也多了起来。有一次我下课的时候，这个孩子叫住了我，说："老师我想问一下，你有时间一对一吗？我想跟你学一对一课程，我想快一点提高成绩。"说句实在话，我一对一课程空余时间根本就没有，尤其到了快升学的几个月里，课都安排的特别紧。但是这个孩子能够主动约课，很难得，并且我可以更深入地了解孩子。我问："孩子你几点有时间？"他说："我周日下午两点到四点有时间。"我说"好，没问题。"就这样，我停下了周日的两点到四点的学生，把时间留给了这个孩子。到了上课的时间，孩子早早地来到了我的办公室。我提前十几分钟开始给孩子上课，并早早地把给孩子准备的材料拿了出来。当我刚开口准备给孩子讲课的时候，孩子说："老师今天这节一对一课，你陪我说说话好吗？"我看了看孩子，孩子的目光直视着我。没等我回答，孩子说："我也可以像别的同学那样叫你吕哥吗？"我说："好啊。"孩子说："我觉得你特别的幽默也特别的亲切，不像老师，就像身边的哥哥一样，特别容易接近。看着那么多同学和你聊天说话我特别想走近你，但又觉得自己成绩不好，你不喜欢我这样的孩子。"当孩子说出这一番话时，我明显看出了孩子的紧张。当时我内心满是感激，我未作声，只是在点头微笑。我看着这个孩子，感受到了他这一刻的真诚，好像有好多话要和我说。他说："我本来学习很好，但后来分到了一个班级，班主任经常批评我，我也很讨厌这位老师。每次找到我爸我妈时，他们不会问我为什么，只会打我骂我，说我是个坏孩子，不理解他们的辛苦，在学校就是混。吕哥我不是个坏孩子。"孩子说到这里的时候眼角流下了眼泪，声音有些哽咽。但此刻的我依旧未说什么，我清楚孩子此刻很信任我，他想和我说，说出来应该会更好些。"吕哥你知道吗？我知道爸爸妈妈特别累。当时条件不好，生活得很苦，后来听奶奶说他们在大连打工没钱租房，晚上住过地下室。他们特别能吃苦。在那一刻，我曾经立志一定要好好读书，将来孝敬他们。可后来呢……我从上学直到小学六年级，基本上没有看到过他们几次，小学的家长会他们从来没参加过。家长会就是与我无关，每晚的作业签字都是我自己写上去的，我的生活中基本没有他们太多的印记。还记得在我读小学四年级的时候，我的奶奶生病了，有时要由姑姑把奶奶送到医院去，只有把我送到隔壁的邻居家里。因为奶奶家是吉林农村，每家的孩子都特别多，邻居家的人本来就多。到了吃饭的时候，我知道不是自己家，所以我不主动去夹带肉的菜，因为奶奶告诉我不要成为一个让人烦的人。我很注意自己的言行，但到晚上肚子饿得咕咕叫的时候，我真的很难过。那个时候我特别想奶奶，我把头埋到被子里。像这样的时候会很多，但我从未想到过向爸爸妈妈诉说，而这些也不能向奶奶说太多，因为奶奶的年龄大了，和奶奶在一起的日子我特别的快乐。但就在我想着以后好好报答奶奶的时候，她却永远离开我了。我想她，但我从来不和别人讲。上初中后他们把我从吉林农村的奶奶家接到了大连，我回到了爸爸妈妈的家里。他们给我买好吃的好玩的，让我尽量开心，也给我安排了相对好的学校——辽师附中。由于小学是在农村上学，各科底子都太弱，尤其英语底子更弱，跟不上其他同学。开家长会时他们就了解我的弱项给我找了补课班、托管，然后他们要忙工作，我就一个人认真学习。期中考试后，由于我底子薄，又因为在这样一个学习强度较大的学校里，学习跟不上，我考了后几名，班主任找到了他们，他们觉得也给我找了那么多补习班，花了那么多钱，我的成绩应该特别好，殊不知我的基础特别差。我也很努力很用心要给他们留下好的印象，但在接二连三的考试过后，他们一次又一次的责骂批评，起初我解释、怕，后来我已经习惯了，我选择沉默撒谎，我在学校选择和差同学玩，去上网，去逃课。因为我再努力也不会好，我不想再努力了。他们说我是问题孩子，老师说我是问题学生，既然他们都不管我了，那我就混吧。"我这个时候问了他一句："那这次辅导课你怎么来了呢？是自己想清楚了还是怎么样呢？"他说："起初我就是想，来了也不学，让他们花钱吧！混，就是我现在的状态。"听完孩子的表述后，看着这个经历了这么多的孩子，既心疼又可怜。心疼这么小的孩子没有更好地走进家庭中，可怜这对不懂教育的父母。面对孩子这两个多小时的讲述，我一下子变得很有压力，孩子的问题又很棘手怎么办？首先不能简单意义上的说教，也不能给太多的建议。在心理学上，这个时候不能给建议和意见，需要做的就是给孩子足够的安慰，给他安全感和信任。孩子不仅在讲述他的故事，更是在呐喊，寻找一份心灵的驿站。当一个孩子快速长大的时候，需要的是一份温暖和关爱，理解与信任。而这个孩子缺少的是温暖、关爱、信任和理解，因而才走向迷茫。我在那一刻萌生一个直接的想法：帮助他，改变他，事不宜迟。但是我知道，改变他，帮助他并不是那么容易，需要接触陪伴，正向引导。于是我就安排了每周一次单独的辅导课，每周和孩子沟通一次，孩子同意了。孩子每次上课的时候，我都会有意识地准备好吃的好喝的放在桌子里。因为我清楚，孩子有的时候不会按时吃饭。每次孩子来的时候，我都会说："我也没吃饭，一起吃一些。"就这样一直坚持着。孩子虽不说什么，但能感受到他和我的关系越来越近了，也很自然的像其他孩子一样叫我吕哥。这个孩子很开心很快乐，特别是单独上课的时候，总会有说不完的话题，并且成绩有很大的进步。孩子爸爸找到了我，和我沟通，说："孩子有这么大的进步，能不能把孩子托管到你们的学校。我发现孩子特别愿意到你这里来，现在孩子回到家里，只要提到你，孩子就会讲个没完。"当时我们学校没有托管，更何况，我没有太多的时间和精力，所以我当时拒绝了。在下周上课的时候，孩子说："吕哥，我能平时晚上过来上自习吗？我不想回到家中自己一个人待着，我写作业不会的问问你可以吗？"我不知道为什么，就爽快地答应了。第二天孩子放学果真就背着书包过来了。我和家人说了一下，也准备好了晚餐。吃完饭后，孩子来到我的办公室开始写作业，我也坐在旁边看着孩子写作业。说句心里话，孩子的学习习惯确实存在很多问题：写作业时腿不停地晃；一边听着音乐，一边写作业；时不时地讲话；好多作业都在抄答案；写字特别的乱……面对这些问题，要想改变，需要逐个调整。首先，写字方面需要改变。我和孩子强调到了写字对于升学的重要性及未来发展的重要性："一个人写字写好了，那样别人会另眼相看你的，写字如同做人，堂堂正正做个好人。有句话叫'见字如见人'。我们要好好坚持做，我陪着你。"就这样，无论刮风下雨，孩子都坚持过来写作业，学习热情高了，名次进步了很多，最主要的是孩子开朗了很多。转眼间来到了严峻的初三，孩子学习压力大，又有些跟不上了，他自己很着急，怕考不好，对不住我。我看到了孩子的心思，但是中考期间，我也是最忙的时候。记得那时候我一对一最晚排到晚上十点到零点。这孩子为了冲刺一段时间，就住到了学校。我每天很晚下课，这孩子也在办公室学习、写字、背书。我下课后，他和我一起到楼下唯一营业的豪享来吃些东西。其中有一次在吃完东西往回走的路上，孩子问："吕哥你说两千万多吗？"我说："你怎么问这个问题？"他说："我将来有钱了报答你。"我当时特别开心。虽然我知道为孩子做任何事不是为了回报，而是真正能够帮助到他。我能感受到孩子很感动。初三后期孩子每天放学都回到学校，我家里的人早早给孩子准备好了饭菜。吃完饭后，孩子开始写作业看书到晚上很晚。等我下课后，带他吃点夜宵。每次回来的时候，都会谈很多话题，那时候孩子已经和我成了无话不谈的知心朋友。虽然孩子的进步是明显的，但初三严峻的复习确实很折磨人。有一天，我正在备课，接到了孩子爸爸的电话。他焦急地说，孩子在学校和别人打架了。我听到这个消息后，放下手里的活，跑到外面，堵着一辆出租车就来到了孩子的学校。我看到副校长正在和班主任谈处理孩子的决定，因为在学校打架要被处分的。我也不知道为啥当时就哭了，我说给孩子个机会，他是个好孩子，我一定教育好他，都是我的错。不知道当时为啥说这么多，忘记了身边的孩子的父亲，孩子的班主任。因为我当时就是想只要给孩子个机会，让我说点啥做点啥都行。最后学校给出了一个相对轻的处分。班主任面对此场景说："孩子以后一定要好好学习。"但是孩子的爸爸控制不住自己的情绪了，揪着孩子的衣服就开始打。我见状狠狠地拉住了他的手，而孩子气势汹汹地跑到了走廊里。老师拉住了孩子。在这个时候，班主任和我都与孩子的父亲谈了一些心里话，明确说出了家长教育孩子的弊端。教育孩子在于平时，身教重于言教，不是孩子犯了错误就要批评、打、骂。孩子正处于青春期，情绪过急，需要引导，讲道理。我们的家长在面对孩子的问题时，总会表现很激烈，却不会想想问题的根源在哪里。爸爸在接受了我们两位老师的指导后，仿佛有所领悟。而此刻的孩子看似情绪还不是很稳定，自己面向墙壁站着。我同孩子的爸爸、班主任走到孩子的身边。班主任说："你跟家长回家吧，准备明天的模拟考试。"孩子爸爸刚说："那咱回家吧。"孩子狠狠地甩开了爸爸的手，说："我去吕哥那里。"孩子很坚决很执意，爸爸虽然很生气，但也很无奈，只好让孩子和我回学校。在回来的路上我并没有说太多话，而孩子却问了我好多问题。第一句话就说："你为什么不问今天我为什么打架？"我当时只说了一句："我知道你会和我讲的。"孩子看着我说："其实今天是我奶奶的忌日，我有些想她了。今天本想一个人静静地坐在位置上，而有一些同学在那闹，我就烦了，所以……"我拍了拍孩子的肩，啥也没讲。我清楚很多时候，语言是很无力的。和孩子回到学校后，我说："你回屋休息会，一会吃饭。"孩子转身回到办公室开始写作业学习了。就这样时间来到了初三最后一次模拟考试。孩子考到了班级前十名，回来后特别的开心，把试卷拿给我看。的确进步了，我很开心。我觉得面对孩子的变化时，应该给予肯定。那天带着孩子一起吃的肯德基，特别开心。接下来学校要针对本次考试进行总结，家长必须参加。孩子回来说："我们有个家长会，我想让你去。"我说："这怎么可以，你必须得让爸爸妈妈去啊，他们需要见证你的成长，他们特别的爱你，一定是生活的压力让他们情绪时而激烈，但爱你的心不变。上一次得知你在学校打架，爸爸都急坏了。"说到这里的时候，可以看出来孩子特别为难。最后，孩子初中的最后一次家长会，我和他父母都参加了。虽然孩子当时没说什么，但能感觉到他特别幸福。就这样，孩子的初中生活结束了，以优异的成绩考入了大连第一中学，成了一名重点高中的孩子。他和他的父母都特别的高兴。我陪伴了孩子一整年的学习生活，有太多的感慨。如今小伙子已经快大学毕业了，每年的节假日都会先到我这然后再回家。和父母之间关系也融洽了很多。我一直都祈祷祝福，愿他们每一天都幸福。虽说在这个孩子身上投入了太多，但看到了他的成长，一切都值得。

朋友圈最近流行这样一段话，老师是这个世界上唯一愿意因您的孩子进步而高兴，退步而着急，满怀期待，助其成才，舍小家助大家，并且无怨无悔的"外人"。当看到这段话的时候，挺心酸的，但也更加热爱这份事业。因为能见证太多的美好。

最后，我希望每个孩子成人成才，希望家长教育在平时，莫等出问题时再去着急。请谨记，无论是老师还是父母，爱是打开孩子心灵的窗户。像我女儿这么小的孩子都能感受到谁对她好，就会模仿我笑的样子来逗我开心，那大一点的孩子更会懂得和感知父母的爱。所以，我们做老师也好，做父母也好，需要做的就是表达出对孩子的爱，用爱来感化孩子、启迪孩子。我也相信没有天生就问题重重的孩子。如果孩子在成长的过程中出现了许多问题甚至是形成了不良习惯，一定是家长在教育过程中出现了对应的问题。希望家长朋友们在发现孩子存在问题的时候，不要急于责骂和惩罚孩子，而是需要冷静地反思一下自己，是否在教育孩子的过程中会有不妥当的地方，才造成了今天的局面，是否在孩子的成长过程中，对孩子关心的不够，让孩子缺少了陪伴？是否在孩子取得了一点进步或是需要认可和鼓励的时候，被我们的一盆冷水浇得不再想和父母说话？教育孩子真的是一门学问。它没有学位，没有毕业证，却需要父母终其一生去学习、研究。因为孩子是我们内心最真切的牵挂，也是我们情感最柔软最不堪一击的地方。我们需要做的就是让孩子感受到，父母是爱他的。只要你需要，父母就在。

（吕子恒）

父母是孩子最好的老师

孩子的成长和教育，一直就是困扰着每个家庭和社会的大问题。孩子是每个家庭的希望，是未来社会的建设者，承载着父母的期盼，承担着建设未来社会的责任。所以，望子成龙，望女成凤，便是每一位家长的渴望，这其中也包括我。因为我不仅仅是老师、班主任，也是一位初二学生的母亲。我以家长和老师的双重身份和大家交流。

今天，我就从家庭和学校两个方面和家长朋友们交流关于孩子的教育问题。

一、家庭

首先，我们从家庭的角度来谈谈面对即将步入青春期的孩子们，我们能为他们做点什么？

（一）想要改变孩子，请先改变自己

有人曾说，家庭是复印机，父母是原件，孩子是复印件。每个孩子无论是外貌特征还是生活习惯以及心理特征都会或多或少打上父母的烙印，孩子遗传了太多我们的优缺点。他是一个小生命，因为种种不可知的因素投奔我们而来。我们曾经满怀欣喜，期待一个生命的降临，好奇地观察他，寻找我们似曾相识的痕迹，辛苦但愉悦地陪伴他一路成长。有一天，你会惊喜地发现，他已经是洋溢着青春的少男少女，这该是怎样的一份骄傲和欣喜？因为他就是我们的作品，在这世上独一无二的作品，因为爱而降临的我们的作品。所以，好好地爱他吧，给他一个和谐的包容的家庭环境，让孩子在爱和温暖里成长，这很重要！然而有些家长可能不以为然，还有些家长可能会抱怨，我那么累，每天要上班，还要侍奉老伺候小，我哪有那么多的爱心还要包容孩子？看到孩子作业没写完，成绩单不理想，犟嘴不听话，就失去了所有的耐心，只剩下粗暴和呵斥。无论生活多苦多累，都不能成为你粗暴对待孩子的借口！所以我认为，良好的家庭氛围是孩子成才的关键因素。当然，我说的是大部分家庭。幸福的家庭个个相同，不幸的家庭各有各的不幸，有些给不了孩子的东西，可以通过其他方式来弥补。夫妻之间，要多包容，尤其是在孩子面前，千万不能互相抱怨，更别说吵架了。父母的一言一行都会给孩子产生各种影响。我们既然爱孩子，那就每个人各退一步，给孩子做个表率，做个有爱的父母。即便因为种种原因，不能在一起的夫妻，也要学会为了孩子，能够坐下来温和地协商，让孩子明白，爸爸妈妈即使分开了，对他的爱一分都不少。做了这么多年的班主任，看到形形色色的学生和各种各样的家庭，真的觉得夫妻失和给孩子的伤害太大了！

　　我一向认为教育的主战场在家庭而不是学校。有的家长可能不太认同。但你可以细心观察一下，每个孩子的言行思维包括习惯的养成大多和父母非常相似。一个语言粗俗暴躁的父亲，你看他的儿子会是什么样？要么粗俗，要么懦弱；一个行为随意，歇斯底里的母亲也一定不会培养出优雅淡定的女儿。所以，身教重于言传。我们希望自己的孩子成为什么样的人，先从自己做起。自己先克制自己，做一个积极乐观文明向上包容大度的人。有家长可能就要问了，那也有很多孩子，人家父母就是农民、工人，孩子不照样考清华北大？千万不要小瞧强大学子背后的父母。我曾看到一则材料：一个农民的孩子上了清华，父母却是斗大字不识的农民。有人进行了调查，那位不识字的母亲却让孩子在 5 岁的时候就背会了九九乘法口诀，熟记了 2000 多个汉字，孩子上学之前就能够自行阅读。在一个菜市场，我还遇到过这样一对夫妻，两个人卖海鲜，每到市场人少时丈夫就会搬来一把椅子递给老伴，说起早贪黑太累了，老伴歇一歇。而那家的女主人，每次在我们买鱼的时候都推荐最新鲜的鱼，在秤上从没做过手脚。有一次闲聊，就问他："你家孩子做什么啊？"女人说在中国海洋大学读研究生。我同学还给我讲过一个事。他们学校有个保安，每天早晨只要是他值班，他都会站在学校门口，对每一个到校的学生和老师报以微笑，说上一句早上好，每一位给孩子送东西的家长他都会热心的接过来，问好班级，有时间的话给孩子送上去。他的热心和善良感动了所有人，而他的儿子毕业于 24 中学，考入北京航空航天大学并继续在那里读研。

家长朋友们，我给大家讲的这几个故事一定会对你有所启发，夫妻之间、亲戚之间、朋友之间都需要善待。当你的心胸无限放大，无限包容，无限美好，你想要的孩子的改变也就自然而来。你就是孩子的一面镜子，你希望孩子什么样，请自己先变成那个样子！

（二）营造一个良好的家庭氛围

给孩子营造一个安静的学习环境。无论你住的房子多小，都要留出一个独立的空间给孩子。上初中了，孩子需要一个独立的空间完成作业，独立思考，不被打扰。这个学习环境，不仅仅是给孩子一个学习的空间，还要营造学习的环境。而有的家长，孩子在学习的时候，他却在看电视。十几岁的小孩子，哪有那么大的定力，他总会支起耳朵，想知道外面的电视在演什么。这时候父母首先要做出必要的牺牲。当然，并不是说不让孩子看电视，在做完作业和有特别好的励志节目的时候，可以奖励性的让孩子看一会。孩子在这屋学习，父母在那屋打麻将就更不能做了。另外，还有手机的问题。有的家长总抱怨孩子爱玩游戏、玩手机，那你是否发现自己早已经是手机不离身了？你总是抱着手机看来看去，又怎么去教育孩子不玩手机呢？己所不欲勿施于人！孩子在学习的时候你也可拿起书来读一读。回忆一下，自己有多久不读书了？

（三）和孩子一起制订学习生活的计划

初一初二初三，不同的年级，针对不同的学情，有不同的奋斗目标。所以，家长要帮助孩子制订一个学习生活的规划。因为有了学习的目标才有学习的动力。学习目标可分为长期目标和近期目标，近期目标可以细化到每一科要有怎样的进步，长期目标不仅针对考上一所好的高中，可以设想要考上什么样的大学。家长可以利用休闲时间带孩子去市内各高中走一走，去市内各大学走一走。让孩子感受感受学校的文化氛围，对其有个初步了解。理工大学的校园环境和学风，你在校园里走一走就感受到。若有条件，就趁旅游的时候到外地大学走一走。名校就是名校，环境给人的滋养是钱买不到的。每到寒暑假，我都会带儿子去旅行，读万卷书还要行万里路。我曾经倘徉在厦门大学美丽的校园，流连忘返，那种高雅的美丽，那种书卷气息，都给我留下了深刻印象。

所以，我认为家长可以和孩子一起制订一个学习计划，再制订一个旅行计划。有的家长可能要问我了：老师，你有假期，你有剩余的钱，可以旅游，我们没有假期，也没有充足的钱，我们拿什么去旅游？其实旅游不一定非得有假期，有金钱。家庭条件好的可以去外地多走走，家庭条件不好的，某个周日或周六的午后，在孩子完成作业之后，去看看劳动公园的菊花，去走走近海的滨海路，去西山水库来一次垂钓，或者一家人去看一场搞笑的电影。没有什么比一次亲子游更让孩子快乐，更能让孩子感受生活的和谐与美好。我认为，爱生活的孩子才会更爱学习，爱奋斗！

二、学校

从学校层面来看，家长多和老师沟通，多包容，多理解孩子，学校和家长多给青春期的孩子一点理解的宽容是非常必要的。

（一）沟通很重要

家长要积极地与学校老师沟通。了解学校的办学宗旨、办学理念，了解孩子在学校的学习生活状况，协助老师做好孩子的工作。家校合作是提升孩子成绩的重要途径之一。每个孩子都有两面性，他在老师和家长面前表现的并不一样。这就需要家长和老师及时沟通，让家长了解孩子在学校的表现，老师了解孩子在家的表现，这样家长和老师共同协商，达成一致，才能制订出统一的管理办法，达到教育学生的目的。

（二）多包容多理解

生活中，我发现有的父母身上有很多习惯很不好。比如，家长当着孩子的面就大声说哪个老师不好，学校的哪个决定不对，甚至有的家长公然表态支持孩子的一些不当行为。金无足赤人无完人，老师也是人，不能保证什么事都对，什么事都做得完美。家长感觉学校处理若有不当之处，或心里有疑惑，务必跟学校或老师沟通，千万不要当孩子面发泄自己的不满。殊不知，这样做会给孩子心理留下阴影，从此他会对学校或老师抱有不满情绪，这会让老师和孩子之间产生隔阂，老师再教育学生就难了。家长面对孩子的时候一定要客观公正，不在孩子面前论人短长是修养，凡事多体谅多包容是一种气度和胸怀。

在教育战线工作了 20 多年，我看到的更多的是甘于奉献、乐于教学的教书育人的园丁，偶尔有几个异类，这很正常。任何一个职业，都会有几个投机分子。家长朋友们不能因为几个异类就错看了整个教育行业。希望每一位学子成才是家长的心愿更是我们的心愿，教书育人对我们而言是职责所在，选择了担当就要努力付出。

（三）学校和家长多给青春期的孩子一些理解和宽容

自从孩子上了中学，有些家长朋友们发现了一个奇怪的现象：曾经的乖乖女开始犟嘴了，以前不注重穿衣打扮的丫头开始注重外在形象了，那个乳臭未干的黄毛小子开始长喉结了，开始和我理论社会的问题了，甚至发觉他一夜之间长得比自己还要高了。这都是一些多么惊喜的变化，恭喜家长朋友们，你的孩子长大了。青春期，是孩子成长的一个必然阶段，孩子的变化会很惊人，所以家长要对孩子做正确地引导，学校也要针对这个年龄阶段孩子的特点进行教育。

建议家长多看一些和这方面有关的书籍，学校也做这方面的培训，让我们共同面对，陪伴孩子顺利度过青春期！

最后，还想对家长朋友们说几句：

多一点赞美，少一些批评；多一点呵护，少一些抱怨。孩子的成长是一个漫长的过程，让我们都放慢脚步，静待花开，给孩子一点时间和空间。只要心中有爱，懂得感恩，无论未来经历怎样的风雨，它必然会长成参天大树！

（廉清娟）

新生入学心理适应策略

无论是从幼儿园到小学还是从小学来到初中，或者是升入高中，进而步入大学。家长们会戏称自己为"空巢老人"。无论是哪一种别离，背后都意味着一种变化，而变化是唯一的永恒。这种变化带给了我们提升和改变，也给我们带来了不适应和痛苦。对于孩子，对于家长都是一种体验，好像是小鸡小鸟，从蛋壳里挣扎着想要长大，开始认识这个世界。那么这个挣脱的过程，本身就是艰难的、痛苦的，但同时也因此使他变得强大，这是一个成长所必须经历的阶段。

前一阵子，我在咱们大连的一些小学，作了关于一年级新生入学适应的心理策略的讲座。在那个讲座上，我看到了很多双充满期待的眼神。讲座结束之后，有很多家长给我发微信，向我表达了感谢。他们说这是他们开的一个特别有价值的家长会，让他们学到了很多东西。这种感谢，让我的内心充满了温暖、感动，收获了更多的成就感和价值感。

我知道每一个家长和他们的孩子一样在转折的阶段，都需要有一双温暖的手，帮助他们渡过这一个特殊的转折点。

今天和大家谈的问题，我分成阶段来讲。重点是和大家来谈一谈孩子在适应新的环境变化时，我们家长所应该持有的立场态度和应该了解的一些基本知识。其实，对于孩子和家长来说，难度最大的并不是大家想象中的高中和大学，而难度最大的恰恰是一年级的小孩入学，还有就是初一新生身份的转变。这两个阶段的转变的是至关重要的，而且也是最难把握的。

首先，我们来看看幼儿园阶段的孩子。这个阶段的孩子他们以玩耍为主，每天能够好好的吃饭睡觉，能够进行简单的生活自理就可以得到家长的表扬和夸奖。而进入小学后，他们身上一下子多了很多其他的任务责任。最初的时候他会对背着小书包上学很憧憬，他看到大哥哥大姐姐们背上书包，他充满了期待。不过有一天，这个书包真背在他身上的时候，他发现不那么美好，长大意味着更多的责任。

每个家长或者是老师都会发现，小孩子在玩乐的时候，充分表现出了自己无忧无虑的天性，他们看起来都是那么可爱。所以我的一位同事跟我说："哎呀，这些孩子们在脱离课堂的时候怎么都那么可爱呢？"因为他们这时完全没有了压抑，没有人记得约束，表现出的是最自然的天性。

在小学阶段的孩子们开始背上小书包的时候，很多家长会被一个错误的观念误导——孩子不能输在起跑线上。其实，这个起跑线对于人生这个漫长的道路来说，早跑几步晚跑几步真的不那么重要。

这个所谓的起跑线，真的是不存在的，是一种误导人的，错误的观念。然而就是这个错误的观念使很多家长心浮气躁、急功近利、目光短浅。当一看自己的孩子在某些方面不如别人的孩子的时候，就产生了焦躁的虚荣情绪，就开始责怪自己的孩子。曾经有一个小孩儿说："有一只懒惰的鸟，它自己飞不上天，然后它就下了一个蛋，逼着自己这个蛋孵出的这个小鸟飞上天。"

在这里，我特别要对家里有男孩子的家长说几句。根据男孩子的身心发展规律，他比女孩子要晚熟两岁左右。因此，同年龄的男孩子和女孩子，身心发展的频率是不一致的，也就是说男孩子明显是要显得幼稚些的。无论是书写能力、自我约束能力还是注意力的持久度，甚至包括一些生活自理能力，他都要逊色于同龄的女孩子。

而在小学阶段的许多书写、记忆（主要是机械记忆，机械记忆就是缺乏理解性的那种单调记忆），还有注意力的这个持久度都要差于女生。所以我们会看到一些班级小男孩儿多的，往往纪律比较差一些，还会表现的比较多动。

曾经有位专家建议说，男孩子应该比女孩子晚两岁入学，这样男女生身心规律的发展特点才能够齐头并进，才能够相对的均衡和平等。大家都知道，我们常用的课程表其实也包含了儿童和青少年身心成长的科学道理。例如，在幼儿园阶段，课程大概是20分钟一堂课，小学阶段设置为35分钟到40分钟一堂课，幼儿园阶段孩子的注意力就是20分钟左右，而小学阶段的注意力就是在30分钟到40分钟。初中阶段就是十二岁到十六岁之间的孩子，这个阶段他们的注意力可以维持时间也是四十分钟到一个小时。所以我们的课程设置在四十分钟是比较符合孩子的头脑发育特点的。高中阶段的课程，可以适当延长到四十五分钟，而大学生的课程可以延长到一到两个小时。所以在大学，大家经常看到他们的课程表大部分是以小时为单位的。成年人所欣赏的电影，基本上也是一个半到两个小时，这完全符合我们的大脑发展、发育的特点和心理特点的。

既然是这样，作为家长为什么不充分地去了解自己孩子所具有的身心特点来帮助孩子更好地去学习呢？比如说，小男生比较适合结合运动进行记忆。男孩子动手能力比较强，人也比较喜欢运动，那么有很多的学习内容是否可以结合动态来学习。每个人的学习方法是不一样的，家长要根据自己孩子的特点来帮助孩子探索适合他的学习方法。

对于一年级的小孩来说，会有很多非常具体的，也是非常现实的问题摆在面前。比如说，记事本的问题。一年级的小孩在入学以后，老师都会给一个记事本，并嘱咐每个同学把自己需要记的东西（第二天要带的东西，要学的课程等）记在记事本上。

回到家里，家长应该帮忙检查孩子的记事本，看看第二天要做什么，包括检查孩子的作业。对于小朋友来说，还有装书包的问题。有许多孩子自己完全没有经验，非常茫然，不知道这个书包该怎么装。家长应该提前提醒和监督孩子，根据记事本来把书包里需要装的东西装好。这种逐步引导、帮助他的目的，就是为了让他能够自理。对于孩子，家长的监督或者引导就是为了有一天，他不再需要你的监督帮助，直到他自己能够独立完成。

我们经常会发现，爷爷、奶奶、姥姥、姥爷甚至是爸爸妈妈帮孩子背书包。那到底要不要帮孩子背书包呢？我从来没有独自帮儿子背书包，除非他真的是需要去系鞋带儿或者是需要去做什么东西，这个书包对他来说不方便的情况下，我才会去帮他背。然后他会说："谢谢妈妈"。系上鞋带儿他就立刻会把书包要回去背在自己身上，因为他知道那是他的事。有很多孩子到三四年级以后，会要挟妈妈爸爸，你给我买什么我就答多少分儿，你不怎么样我就不好好学习。

显而易见，孩子是把学习看成了是父母的事情，并不是他自己的事情。我是从这个装书包、背书包的事情联想到的。孩子他应该认识到，这些都是他自己的事，父母只是因为爱他才帮他去做。学习是他自己的事情，不是父母的事情。

对于一年级的新生，甚至是初中的孩子，有很多父母也面临着这样一个问题——孩子懒床。有的孩子比较愿意懒床、迟到，早上叫他起床很费劲，不愿意起来。其实，在温暖的被窝里被突然叫醒或者一阵美梦被突然打断，总归是不那么舒服的一件事儿。但是，按时起床，不迟到，按时坐到课堂上去，这是每个孩子必须做的，这是一种责任或者纪律。

有的家长就问，我怎么做才能让孩子尽快起床，而且不让孩子难受呢？其实方法是有的。有那么一句话，毁掉一首好歌的方法就是把这个歌曲设置成闹铃。因为闹铃总是那么让人讨厌。不过我们可以尽可能地把闹铃设的不那么讨厌。比如说，你自己给自己设闹铃的时候，挑一个最柔和的，然后声音渐渐增强，那样让自己一点点去适应。你在叫孩子起床的时候，也应该模仿那个渐强的闹铃。如果这个电子铃声不能把孩子叫醒的时候，你应该怎么叫？

我的经验是：慢慢地走近孩子，在小声地呼唤他没有反应的情况下，把声音放大，然后去抚摸孩子的头、脸、胳膊和腿，然后慢慢地抚摸，慢慢地拍打他，配合轻柔的声音叫他起来。对小一点的孩子的可以喊：宝宝起来啦！宝贝到时间了啊！慢慢地把声音增强，然后配合亲切的抚摸。当孩子感受到爱就不会那么抗拒了，也会在温柔当中慢慢地醒过来。良好的开端等于成功的一半，一个好的叫孩子起床的方式，可以让孩子一整天保持一个相对平和的心情。

另外，小学阶段的很多孩子，由于缺乏自控力在作业的问题上容易出问题。作为家长，我们要辅助他们去检查每天的作业。这也是家长的责任之一。以前我的孩子问过我一个问题，什么叫责任？我想了想告诉他说，责任就是你有可能不愿意做，但是你又必须做，这就是责任。

对于初中阶段和小学阶段的孩子，尤其是男孩子，很频繁地出现注意力不集中的情况，甚至有的家长会怀疑这个孩子是不是多动症？我曾经遇到很多个做个体咨询的男孩子的家长，他们都怀疑孩子有多动症。然后我很快就告诉他们，你孩子肯定不是多动症。然后他们马上也说，我们上医院检查过了，医生也说不是多动症。我判断的依据非常简单，就直接告诉家长我是怎么判断的。多动症是大脑病理性的变化，它是不受人的意志控制的。既然是生理性的、病理性的、不受意识控制的，那么多动的孩子就始终不会有非常稳定的注意能力。他不会因为自己大脑有意识的控制，就使自己稳定下来。那么，如果你发现孩子对他自己喜欢做的事情或者在某一个或者几个事情上能够做到集中注意力。比如，看电视、打游戏、游玩、看书等，只要有一两件事情他能够做到集中注意力，那么就是可控的，就意味着他不是多动症。

无论是小学阶段的孩子还是初中阶段的孩子，我都要和家长谈一谈关于表扬和批评的问题。我们都喜欢表扬孩子，相反在孩子做错事的时候，也急不可耐的去批评孩子。可是表扬和批评真的是需要艺术的。这里面有两个原则：

第一个原则就是表扬一定要表扬非智力因素。也就是说，是他能力范围内能够去改变和掌控的东西，而不是天生的他无法改变的东西。你如果去表扬孩子天生的东西，只会让她虚荣，沾沾自喜，自以为是，然后有一种不需要努力就可以获得的这种"不劳而获"的心理。比如说，你表扬男孩子：你真聪明！太聪明了啊！聪明，是一种智力上的表现，会让他沾沾自喜，喜欢耍小聪明。如果你表扬一个女孩子漂亮：你怎么这么漂亮啊！这个女孩就会认为自己天生丽质，就会有一种虚荣的感觉，这对孩子的成长是不利的。

对于孩子来说，更多的应该表扬他努力勤奋、认真整洁、懂礼貌等，这种孩子能够去改变的。我们表扬孩子的目的，就是为了让孩子下一次继续做好，为了让他把这个好的行为继续下去，为了让他把这种好的机会得到巩固。既然是这样的目的，那么你的表扬，就要具有目的性，就是要让孩子在你的表扬当中成长地更好。

第二个原则就是表扬一定要具体。尤其对于小孩子来说，你说：我们宝宝真棒啊！你真是最棒的！你很棒啊！你表现得特别不错或者你真的是太出色太优秀了！那么这样的非常笼统的语言，让孩子除了产生一点儿高兴的飘飘然的感觉以外，带不来更多的实质性的作用和影响。积极的表扬，应该是落在实处的，越具体越好。比如说，你今天发言的声音真响亮，特别有精气神儿，我觉得老师听了一定会眼前一亮。还有你今天值日的时候地板扫得真干净，而且还知道去帮助其他同学，非常懂得集体荣誉感，乐于助人。这种具体的、到位的、细致的表扬，才会在孩子的心中留下深深的印记，而且孩子也会真实地感受到你表扬的真诚。那种笼统的、大面儿的，甚至是脱离了现实的表扬，会让孩子感觉不真实，并且不会真的产生一种积极的行为动力。

批评也是一样的。批评的时候，最忌讳说孩子笨。因为笨是智力的形容词，代表着孩子智商，是孩子改变不了的。而且一个笨字很可能就让孩子自暴自弃，甚至产生了自卑心理。他会认为我自己做不到，因为我笨，也给自己找到了一个托词。批评孩子也要落到实处。他究竟哪件事情做得不对，应该怎么去做？这种批评对孩子是一种勉励也是一种鞭策，让孩子看到自己哪里做得不足，然后下次才有改正的机会。

（孙文毓）

别让压力赶走快乐

今天我们来探讨一个共同的话题：压力和情绪管控。这个问题已经渐渐成为大家共同的关注点。

我在日常的教学工作和教育工作中，包括我参与教材编写、参与红十字会的指导工作，包括心理咨询师协会和 365 市民讲堂进行的一些公益讲座，还有"心理服务下社区"以及相关的一些组织和机构的公益活动和公益服务当中。虽然我在这些活动中付出了许多，但同时也给我带来了收获。

我发现，许多问题究其根源来说，往往涉及不到品格，所以我把它们归结到心理问题。而在心理问题当中，我发现很多所谓的"心理问题"都与情绪有关。

针对情绪这个话题，以前我们认为，能够认识到心理问题已经是非常人性化的认知了。但是随着人们对情绪的深入了解，发现很多问题都是出在情绪上。例如，教师对学生进行语言暴力或者变相体罚；家长在一气之下，把自己的孩子打伤，甚至出现一些严重的伤害，孩子不堪受辱，离家出走……

究其根源，这都是情绪问题。如果我们控制不好自己的情绪，情绪就会像一匹野马一样让我们失去理智。情绪和理性，分属两个控制系统，共同存在于我们的大脑神经和心理系统当中。如果情绪驾驭不好，理性就像是情绪的缰绳。如果驾驭不好情绪，这匹野马就会控制你，让你的生活不能按照正常的、理性的轨道运行。

以校园举例，之前我看过一个视频，是关于学生和老师之间的冲突。在这个视频中，我发现了许多问题。首先，传发这个视频的并不是一个专门探讨教育的群，那么，我们不妨用外人的眼光对这个视频评价一下。这个年轻的男老师与其中一位男同学起了冲突，并且动了手。但是周围其他的同学竟然在旁边起哄，甚至添油加醋，场面非常混乱。从表面上看，是这个老师不尊重学生。但是我们仔细想一想，老师和学生的情绪管控都是有问题的。另外，这个视频还反映出了这个班级的管理情况十分混乱。对于一个成熟的班级来说，班主任一定是非常有经验的。在师生之间，老师的情绪管控一定要非常好的，什么时候都要保持一个冷静的头脑，谁先失去了理智，谁就输了；谁冲动，谁就落了下风。同样的情况，学生和老师都情绪失控，那么我们一定认为是老师的责任，因为孩子是未成年人，大家从道德角度出发，一定对老师有更高的要求，对孩子则是更多的宽容。

　　从这个视频我们能看出，这个老师并没有赢得班级学生的心。因为他自己就不够成熟，遇事冲动，直接与学生针锋相对，所以根本没有学生帮他。从这一个小小的视频我们可以得出结论，这就是双方的情绪出现了问题。

　　大学老师也曾经出现同样的问题。四川师大和河北师大的教授，因为文章的观点不同，在网上激烈对骂，严重的失言、失态。后来双方虽然各自作了检讨，但是影响已经产生了。厚德载物的大学教授，本应是为人师表，道德模范，但在很多问题的处理上，仍然不冷静，结果遭人耻笑。我想双方若是能够平静下来审视自己当时的作为，一定感到无比羞愧。

　　巴普洛夫说："忧愁、顾虑、悲观，会使人生病，积极的、愉快的、坚强的意志和乐观的情绪能让人战胜疾病，让人强壮长寿。"著名的心理学家艾森伯格说："一般的生存需要得到保证后，心理卫生在人们的生活中起至关重要的作用。"从疾病发展史来看，人类已经从"传染病时代"走向了"精神病时代"。心理疾病已经成为现在人类健康的最主要危险之一。

　　作为现代人，无论是成年与否，多多少少都会出现一些"第三心理状态"。所谓"第三心理状态"，第一个是焦虑感，即烦恼、焦躁；第二个是罪恶感，即产生自我冲突，内心中的"两个小人"在不断地争斗；第三个是疲倦感，即常常觉得自己很累，精疲力竭，甚至感到厌倦；第四个是烦乱感，即感到生活一团糟，毫无秩序可言；第五个是无聊感，即不知道自己该做什么，虽说不满足，但是不想动；第六个是无助感，即一直感到孤立无援，人际关系如履薄冰；第七个是无用感，即缺乏自信，觉得自己毫无价值。

　　在情绪管控方面，涉及三大方面。第一是我们要足够的了解自己。第二学会自我调节。第三懂得压力和情绪管理的技巧和方法。了解自己就是认识自己的局限性，认识自己的不足，学会用别人的眼光和角度去看待事物。自我调节需要掌握足够的心理科学理论。压力与情绪管理更多的是侧重认知和行为训练的角度。

如何去掌握压力和进行自我的情绪调控管理？下面我们一起做一个小测试。在下面的题目后有一个评分标准，大家可以通过自己的分数，了解自己的情绪压力状况是怎么样的。

（1）经常感冒且不易治愈。

（2）手脚发冷

（3）手掌、腋下经常出汗

（4）出现呼吸困难，苦闷窒息

（5）经常出现心脏悸动的现象

（6）有胸痛的现象

（7）有头脑不清醒的昏沉感

（8）眼睛很容易疲劳

（9）有鼻塞现象

（10）有头晕眼花的现象

（11）有发晕的情形

（12）有耳鸣的现象

（13）出现口腔溃疡或者溃烂

（14）经常喉咙痛

（15）舌头上出现白苔

（16）面对自己喜欢吃的东西却毫无食欲

（17）吃下去的东西全都沉积在胃里

（18）腹部发胀，疼痛，经常性便秘

（19）肩部坚硬酸痛

（20）背部和腰经常疼痛

（21）疲劳感不易解除

（22）有体重异常减轻的情况

（23）做一点事就会感觉很疲劳

（24）经常早上起不来

（25）不能集中注意力

（26）睡眠不好

（27）深夜经常做梦

（28）深夜醒来后就不易睡着

（29）与人交往提不起劲

（30）稍微不顺就会生气，并且时常不安

这儿列举的30项自我诊断症状，如果出现五项，属轻微紧张，注意休息即可恢复。出现十项以上，二十项以下的属于严重紧张，有必要去看医生了。倘若在二十一项以上的，就会出现适应障碍的问题，需要引起特别注意了。

在很多行业中，教师、警察、医生、护士等服务行业的人，往往会出现一些情绪上的问题。这些问题往往会引起职业倦怠。有句话说：谁来为你的杯子续水。我们的杯子需要续什么样的水才能维持我们情绪的健康稳定呢？被需要和被理解，情感支持和社会支持，以及我们自己的控制力，等等。预防心力衰竭的方法是增强我们的控制力，加强我们的社会支持，并且努力获得我们服务对象的理解。严重的压力往往带来一系列生理上的反应。我们说，身体和心灵是息息相关的，有很多疾病是身心疾病。现在的医生在看病的时候也常常会谈及你的心理状态。也就是说，你的身体和心理是密不可分的。心理问题会直接投射在身体上。比如，焦虑、注意力分散、自信心不足、血压升高、头痛、肌肉紧张、睡眠质量低，等等。这些情况直接影响到了你去医院的次数增加、人际关系恶化、工作效率低下等。因为这是一个链条式的反应。

如果想管理好自己的情绪，首先是要了解自己。我们在日常生活中发现几种类型的人。比如，A 型人格的人，争强好胜，挑战性非常强，但是容易缺乏耐心，过于以自我为中心，生活节奏非常快。大家看起来活力四射，不知疲倦，不怕困难，勇于挑战。还有一种是 B 性人格。与 A 型人格相比区别在有耐心，比较放松，不太喜欢参与竞争，目标也定的比较适度。她的生活安排是张弛有度，一般能够较好地适应社会发展变化。

在古希腊的学说中，有一种"体液学说"。就是我们通常所说的粘液质、抑郁质、多血质、胆汁质。胆汁质跟 A 型人格比较像，有比较冲动的完美主义倾向。粘液质的人情绪稳定，稳重，能够左右知逢源。抑郁质的人比较自卑，容易退缩。抑郁质比较典型的例子是林黛玉。胆汁质代表人物就是张飞。粘液质的典型人物是唐僧。

提到压力，有很多人认为压力是一个不好的事情，实际上并非如此。国外的某所大学曾经做过一个实验：让人在一个完全没有压力的环境中生活，每天只需吃饭睡觉，完全放松，还有丰厚的酬劳。参与实验的人最初有很多，但是在接下来的 24 小时纷纷退出，最长时间的人也没坚持过 72 个小时。也就是说，一个完全没有压力的环境，是正常人无法接受的。有很多人在实验的过程中，开始烦躁不安，自言自语，甚至出现幻觉。

人类的成长和发展其实就是一个不断适应压力的过程，按照进化论的观点，有限的资源导致竞争，竞争就会产生压力。发展越快的地区，压力就越大。我想关于这一点大家都有感触。北上广地区的压力最大，但是这些地区的发展是最快的。小城市的压力也非常小，十分悠闲，但是经济发展相对落后，就人类本身来说，这种生活环境，对人类的成长是不利的。压力在我们的生活当中是必不可少的，人的每一个成长阶段都离不开压力。我们的生活需要压力的存在，才能让自己的生活变得丰富多彩。比如，我们喜欢看恐怖片，去玩鬼屋、过山车，实际上就是寻求压力与刺激之间的关系。

压力与工作效果的关系呈倒 U 字型。随着压力的逐渐增加，我们的工作效率和表现能力也逐渐增强。但是强到了一个临界值的时候，压力过高，就会出现心理和身体上的疲劳，劳动效率开始下降。换句话说，适当的压力有助于提高我们的工作效率，但是一旦压力超过了个体能承受的最高限度，反而限制了我们个人能力的发挥。

严重的压力是猝死的最高诱发原因之一。十年前，54 岁的爱立信总裁在健身房猝死。他当时一直觉得身体状况良好，每次体检都没有任何问题，但是他的心脏因承受不了连续的高压，导致骤停。这种问题在医院进行常规医学检查的时候是很难查出来的。无独有偶，若干年前，60 岁的麦当劳 CEO 同样因为心脏骤停猝死。所以，严重的压力是导致猝死的主要因素。长期处于高压之下，血液中的胆固醇水平会削弱人体的免疫功能，引发恶性肿瘤，就是咱们常说的癌症。过度的心理压力同样会影响人们的认知能力，如警觉性提高、敏感度提高、注意力高度集中，就是所谓的高度警戒状态。比如说消防员，随时待命的状态导致他们的反应非常快。但是如果压力过重，会导致反应过度，注意范围就会非常狭窄。不良的情绪带来的后果就是焦虑、恐惧、抑郁、愤怒等。焦虑就是担心会发生不好的结果，恐惧会让人逃避，愤怒则是受到打击而引起的。

情绪是一个抽象名词。其实我们每个人出生就是带着自己的情绪的。情绪作为我们喜怒哀乐的体现，是随着大脑的发育越来越丰富，越来越多样化，或者说情绪更接近于我们生物本能的一种体现。理性的部分则是我们在后天的学习中形成的。童年时代最突出的经历往往会成为一个人成年之后的情绪体验。而小时候经历的一些事情，当时你并无法意识到它会对你产生多大的影响，但是若干年后你会发现，你的童年经验或者是一些感受，一些观念的影响，都会潜移默化地成为你性格中的一部分。

在心理学中有本我、自我、超我，所说的就是强调潜意识的问题。你以前经历过的很多事情和很多记忆，你以为你遗忘了，其实并没有。他被深深埋在你的内心深处，就像冰山一样，大部分是在水面下的，但是随着水位的变化，你在水下的那部分"潜意识"不一定在什么时候就会浮出水面。

我们说影响情绪体验的因素主要有三个：一个是个人的认知因素，一个是先天的气质因素，还有一个是外在的环境因素。个人的认知因素就是一会给大家讲的埃里克森的 ABC 理论。先天的气质因素，刚才给大家见过 A 型 B 型人格，还有四种气质类型，它决定着不同的人面对同样的问题时，会产生不同的情绪体验和行为反应。第三个因素是外在的环境因素。

有的人跟我说我生气的时候会用呼吸法帮助自己平静下来，并且自己与自己对话，进行自我鼓励和自我安慰来调节。

东方人比较推崇集体主义，主张"喜怒不形于色""个人服从集体"，不主张积极表达自己的情绪。西方则比较推崇个人主义，特别注重个人的表现与发展。从情绪的健康发展和管理方面来说，我们应该学习西方人这种表达个人情绪的做法。因为情绪是可以宣泄，不可压抑。

我们经常听到"耳听为虚，眼见为实"。从认知自己的角度看，我们看到的、听到的，不一定是真实的和绝对正确的。我曾经做过这样的实验：在背景图不同的情况下看两个大小相同的小人，但是看上去大小并不一样。在三条折线的映衬下，正圆形看起来像一个椭圆形。所以说，感觉有的时候是会骗人的。图是不变的，只是我们看事物的角度变了。关注点不一样，看到的事物自然也是不一样的。换句话说，我们身边的事物本身是中性的。而你对这个事物的解读，会影响你的行为。

在情绪调节当中，首先要去识别情绪。第一从面部表情来判断喜怒哀乐。第二观察对方的肢体语言，还有声音表情的变化。情绪对人的身体、智力和性格都有很大的影响，所以我们要学会了解情绪，识别情绪，表达情绪。

首先，你要了解自己的先天气质类型和情绪变化特点，要明白情绪作为人来说是正常的现象。第二，了解自己当下的情绪是什么样的。第三，认识到情绪发展的规律，学会表达，宣泄情绪。第四，正确表达自己的情绪。第五，掌握自己情绪的调节方法。第六，学会通情达理。

练习表达情绪。人际沟通是双向的，包括表达和接受。首先我们要学会释放自己的负面情绪。对于人际关系不满意的人在表达上，常常也会出问题。人人都会有负面情绪，但是我们要学会正确地去表达。要学会说"不"，这其实就是内心释放负面情绪的一种方式。我们应该察觉到自己最真实的情绪，尤为注意气愤的情绪。人人都会生气，所以要告诉自己，在自己情绪出现变化的时候，我有权生气，我可以生气，甚至以积极的态度去释放它，而不是一味地压抑自己的愤怒。因为你把它压住了，它并不会消失，而只是隐匿起来了。一旦再次被触及，则会更加凶猛。你只有去认真地接纳这个情绪，才能找出合适的方法去排解。要让自己认识到能感到生气才是活生生的人，生活才能更加多姿多彩。我们知道，遇到生气的场合，我们会先避开一段时间，回头再来解决。这都是非常好的办法，实际上是对自己负面情绪的一种良性接纳。你对自己的负面情绪了解得越多，你就越能掌握它而不被它控制。

对于不良情绪的疏导，要明确不良情绪产生的原因和表达的指向。情绪体验和情绪情景的刺激相一致。解释一下这句话：一个人出现的所有情绪，应该与刺激他的事件是一一对应的。面对大事我们有大反应，面对小事我们有小反应，没事的时候我们没有反应，这就是正常的。而且情绪体验应该有一定的时间限度。就是说情绪一旦出现了，如果不是什么很严重的事，你应该能很快调整好；如果说一个事情并不严重，但是你却一直被这件事情带来的负面情绪所围绕，那么就是情绪失控，是极不正常的。

我们利用台湾心理学家的情绪应对策略，总结出来八个字：觉察、接纳、处理、放下，也称"八字原则"。我们说，忍是心上一把刀，压抑不是很好的办法，洪水是需要疏导的，如果一味地堵塞，则会带来隐患。

下面跟大家谈谈通情达理训练。这个通情达理不是我们通常所说的那个"通情达理""善解人意"，这里指的是 ABC 理论。这里的 A 代表的是事件，就是客观事实。这个事情发生以后是不可改变的。B 代表思想信念，你作为一个个体，对 A 是怎么看的。这个是可控和可变的。C 是情绪效果，这件事给你带来了怎样的情绪反应。

我们常常说认知改变情绪，那么认知怎么改变情绪呢？如果一个人的认知非常合理，非常客观，他的情绪反应就会很正常。如果一个人的认知是片面的、错误的、非理性的，就很容易产生焦虑、抑郁、自卑、恐惧等情绪障碍。

关于情绪调整的方法，我们做一个小小的归纳。有心理学家总结出来四种不能宽容的原因：第一是郁闷，第二是感情低劣，第三是缺乏同情心，第四是以牺牲他人，获取一种主观的，虚伪的优胜。若要消除情绪障碍，就是我们之前提到的"八字原则"。从中我们可归纳出一些具体的方法。比如，宣泄、转移、升华、自我暗示、自我安慰。

宣泄就是找到自己的负面情绪之后，寻找一个出口，把它释放出去。转移是避免自己在引起自己不良情绪的环境或者情境中继续存在。升华是改变自己的认知。自我安慰和自我暗示是要知足常乐，并且发展自己的兴趣，去主动创造快乐。对别人多一些包容也是保持快乐情绪的一种方法。

每个人面对同一件事表现出的情绪不同，是因为每个人看问题的角度不同。比如说下雨，有人说："我最烦下雨了。"有人说："下雨带把伞不就得了。"有人说："下的好，我的花都能活了。"还有人说："真倒霉，原本想去踢球的。"……你看，同样一件事情，立场不同，情绪反应就不同。你的位置，决定了你看问题的高度和层次。你的烦恼不是源于你的遭遇，是源于你对世界的看法。困扰我们的不是事情本身，而是我们看待事情的态度。所以事情无所谓好，无所谓坏。"福兮祸之所依，祸兮福之所附。"福与祸，并非源于事情本身，而是源于当事人对这个世界所持的态度和想法。

那么，不合理的想法是怎样形成和发展的呢？我们需要对此有一个初步了解，从而来反思自己，认识自己，让自己的认知观念得到一个很好的调整。这里面包含四个方面：第一，以前的生活经历；第二，自我评价；第三，其他人对我的评价和对待我的方式；第四，家庭成员或者对我很重要的人对我的期待。这些方面会影响一个人是否会产生不合理的想法。

我们做一件事情的时候，积极的个体，倾向于追求成功。相信自己的能力，能够应对挑战，把成功的关键放在自己是否努力上。这样，他的挫折耐受性就比较强，自信心也很强。而长期消极的心态，是有碍于个体的成长的。消极逃避失败，对成功则归结于运气，从而产生无助感，彻底否定自己，总是认为自己不行，这部分人的耐受能力比较差，而且不自信。

面对能够影响自己情绪的事件时，有一个非常好的方法，就是有序地安排自己的生活。如果压力事件的冲击会让自己的生活变得一团糟的时候，它已经严重影响到你的生活了。所以在自己的生活框架里，尽量避免外来事务的冲击，首先保证自己的生活是井然有序的。在井然有序的日程安排下，可以消除紧张情绪，也能帮助你完成大量的事。每次认真做好一件事，并且按照次序来完成所有的事情，并将事情进行主次区分，留一段时间给自己。分清事物的所有权，不要大包大揽，要分清轻重缓急，善于抓重点。

第一类事务，紧急又重要的，我们把它放在第一位。不紧急的我们可以慢慢做，但是一定要去做，所以把它放在第二类。不重要但紧急的要快做，后来可以逐渐将它制度化。既不重要也不紧急的放在最后做。所以，我们不能仅仅按照事情的紧急程度排序，也要按照事务的重要程度排序。

对于自己的生活，要学会自得其乐。这是一种本事，一种能力。生活的意义本身就是人为构建的。说生活有意义或者没意义，每个人有不同的理解，标准在自己心里。

通过一系列的心理实验得出的结论是：对于自己来进行社会比较的时候，如果你选择的标准是有助于你提升幸福感的，那么你的标准就是正确的。如果选择一个不符合自己的标准，会无形当中增加自己的痛苦，那么你的幸福永远无法实现。

在压力的释放中有很重要的一点，大家要对自己有一个接纳。这个自我接纳，首先要对自己充满自信，只有自己爱自己，别人才会爱你。当出现问题的时候，要勇于承担。告诉自己这是我的错，我必须要负起责任。在面对不好的情绪的时候，学会让自己立刻解脱，选择一个好的心情，懂得去激励自己。今天的开心与否完全在自己的手里，学会给自己一点掌声，给自己买一束鲜花。不要拿自己的错误来惩罚自己，也不要拿别人的错误来惩罚自己，更不要拿自己的错误来惩罚别人。

在情绪的调节中，有一种比较有效的方法是运动法。常做运动的人都知道，当你在进行最后的放松的时候，深呼吸能帮助你的心律尽快恢复正常。我们发现，经常运动的人一般比较阳光开朗。因为运动是一种很好的情绪宣泄的手段，而且它会刺激有益激素分泌，使人的心情愉悦。通过运动宣泄一下，结束后做几次深呼吸，都是自我调节的很好的方法。

在没有时间或条件运动的情况下，可以采用冥想法。它源于古老的印度瑜伽。环境方面，选择一个四周非常安静的光线柔和而且不受打扰的封闭空间，选择一个非常舒服的姿势躺坐或者是站着。伴随一个非常轻柔的音乐，暗示自己进入一个非常美好的环境当中，要放松。这个过程会让人的身心得到极大的放松。这也是调节自我的一个非常好的方法。

我给大连的一些初中生、高中生做过考前减压，也作过大规模的讲座，也经常做个体辅导减压。我会教他们一些放松方法，包括肌肉渐进式放松、深呼吸、自我暗示、转移等。在这里关于情绪调整，给大家提一些小建议。

在日常生活当中，我们要保证充分的睡眠和休息；经常参加体育锻炼；培养自己健康的兴趣爱好；对生活有一定的追求和目标；对生活之中美好的事物和身边的人怀有幽默感；保持充足的自信心；勇于面对和接受生活中的一切，包括美好的和不美好的；懂得利用身边的资源，获取他人帮助；恰当的认同和接纳他人；与自己的亲朋好友相亲相爱，经常聊一聊，向身边所有人表达你的爱与感激；学会把自己的快乐分享给他人。

有人说，要有一个良好的情绪，有"两个基本点"和"三大作风"。"两个基本点"，即糊涂一点，潇洒一点。"三大作风"，即助人为乐，知足常乐，自得其乐。

最后，希望我们每一个人都能管控好自己的情绪，做好压力的调整。让我们时时都拥有如春天般美好的心情，也拥有一个美好的生活。善待我们自己，善待我们身边的每一个人。

（孙文毓）

第二篇：

孩子就是我们的骄傲！

每一个努力的妈妈都值得感恩

真鑫亲子微课堂创办半年多，我们收到了太多家长的反馈。无论是在微信上还是在见面时，越来越多的家长说收获很大，发现自己转变了和孩子交流的方式后，教育孩子确实有了更好的效果。当我们听到这些话时，心里比听到孩子考出好成绩还要高兴。家长们的认可和配合就是对我们最好的奖励，也是我们要把微课堂办得更好的动力。在这里我要为众多的家长朋友们点赞，你们能够身体力行，不断提升自己，都是好样的。但是家庭的和谐，亲子关系的融洽不是靠家长一方面的努力就可以的。作为孩子，要懂得父母的良苦用心，对父母的付出要心怀感激。家长懂得如何走进孩子的心灵，如何正确地引导孩子。孩子懂得感恩，努力让自己更加优秀，才会使亲子关系达到良性循环。其实妈妈们都很辛苦，每一个努力的妈妈都值得感恩。今天，我们就来谈一谈母亲。希望能让各位妈妈们重温自己养育儿女时的艰辛和快乐，更希望各位爸爸们能够理解妻子的辛苦，这些妈妈们不论是全职主妇也好，还是在职场打拼也好，都没有你想的那么轻松，同时我更希望孩子们能够体会到妈妈的不易。

当我自己还没成为妈妈时，我很少想过养育一个孩子会付出多少辛苦，满脑子想的都是有了小宝宝后会带给我们很多快乐。但自从女儿出生后，我除了欣喜之外，感受更多的是责任。看到那么小的她躺在我身边，对周围的环境还没有太多的感知。我知道，这个饿了会醒、困了会哭、生活完全要依赖他人的小家伙，从此和我紧紧地连在了一起。在此后的岁月里，我的喜怒哀乐、我的言行举止都会对她产生很大的影响。而且我今后人生的绝大多数时间里都将为她服务，无论她长大上学也好，还是将来成家立业也好，都将成为我心中无法割舍的牵挂。孩子出生后，我像众多走过来的妈妈一样，没再睡过成宿的觉，经常到深更半夜我已经困的眼皮直打架，而她却兴致盎然地玩的起劲，站在我身边冲我嘿嘿笑，蹲下来扒我的眼睛，毫无睡意。但无论多困，我都必须得保持清醒，来盯着她，生怕她不小心磕到床边或者掉到地上而受到伤害。常常在哄她睡觉时把自己也哄睡着了。以前我睡觉时，睡得特别踏实。半夜邻居家里失火，父母都出去救火，人们吵吵闹闹的救火声，都没把我吵醒。但现在不一样了，我哪怕睡得再晚，睡得再香，只要女儿一翻身，我马上就会条件反射一样醒来，害怕她踢了被子会着凉，担心她挪到床边会摔下去。在一番检查确定她安全后，我才继续睡。我以为这回我可以安心地睡觉了，可女儿毫无征兆地响亮的几声大哭，我就像听到警报一样，再困也得爬起来看看她是不是饿了。紧接着，习惯性的冲奶、凉奶、喂奶。等她吃饱喝足再次睡后，我基本睡意全无。但我必须要快速调整自己的状态，让自己入睡，因为第二天还要早起上班。同时，也在等候着小家伙的不时之需。每当我夜晚照顾女儿的时候，就会想起自己的妈妈。我小的时候她就是这样把我一点一点拉扯大。从妈妈的回忆当中，我能感受到她那时比我要辛苦很多。因为那个时候的农村没有集体供暖，屋子一到后半夜就变凉了，也没有尿不湿等现成的东西，所以照顾孩子比现在辛苦得多。前几年妈妈照顾我侄女的时候，我还在读大学。回到家，我发现每天晚上只要侄女一哭闹，妈妈就会及时起来抱她，给她换尿垫，一晚上不知会起来多少次。我当时觉得照顾小孩子好麻烦啊，妈妈怎么能做到孩子一哭就起来呢？我想到的就是希望妈妈快点把侄女重新哄睡，这样才能不影响自己的睡眠。而现在，我终于理解了妈妈，只有出于对孩子的爱才会这样做，孩子就是支撑我们再困、再累也能爬起来的动力。而我也越来越能体会到"不养儿不知父母恩"的深刻含义了。为了当一个好妈妈，我买来了各种育儿书，按照书上的提示，帮助孩子发展每个月应会的技能，什么时候应该会坐了，什么时候应该会爬了，孩子的辅食应该怎么添加等，感觉自己带完一个孩子也差不多快成育儿专家了。以至于在微信群里见到同学和同事的孩子出现什么症状，自己都能像大夫一样去诊断。为了培养女儿热爱阅读的习惯，也希望她将来能够喜欢学习，只要有机会，我就会买来适合婴儿看的画报和卡片。我不知道自己这样做究竟会对女儿起多大的作用，也不知道女儿将来能不能成为我希望的样子，但至少此时此刻，我在努力当一个好妈妈。其实，每一个妈妈都会希望儿女在成长的过程中能够避免走自己当年走过的弯路、不要有自己当年因为种种原因留下的心理阴影。但是，理想终归是理想，在教育孩子的过程中，我们总会出现各种各样的问题，尤其是当孩子长大后，处于青春期、叛逆期的孩子有时让我们忍无可忍，有时又让我们措手不及。我的一个同事就曾和我讲过，她说："孩子小的时候虽然辛苦一些，但是那些苦和累过后，留下的都是快乐的回忆。养育孩子所有的辛苦都比不上操的这份心。"我想只要我们努力改进自己，就能把孩子培养成具有优秀品质和健全人格的人。孩子的成长需要我们更多的包容和适当的引导，也需要我们来帮助他们走过当年我们自己都很困惑的青春期，引导着他们慢慢长大。

确实，青少年的孩子无论是出于虚荣心还是自尊心，包括我自己在内，心里都曾有过一段灰暗的时期。那时总是觉得自己如果不是生长在农村或许会接触更多的优秀资源，会学的更好，会少走很多弯路。我在读高中的时候，哥哥在读大学，那时候家里经济负担比较重。虽然父母也给我足够的零用钱，可是我舍不得花，因为我感觉父母赚钱不易，他们很辛苦，我不能用他们辛苦赚来的钱去享受。但同时我又特别羡慕那些城里的孩子可以穿品牌的衣服，有大把的零钱可以随意买喜欢的零食，而不去考虑价钱。所以，这时我就会想，如果我不是出生在农村该多好呀？我也可以像我的同学一样，每天下课后回到温馨的家里，在自己的房间里学习，而不是等宿舍关灯后拿着小板凳在昏暗而又狭长的楼道内看书。我也可以天天早上吃到妈妈做的可口的饭菜，而不是吃食堂的饼和用剩米饭熬的稀粥。我也可以自豪的跟同学说我家在 xx 街道 xx 单元 xx 楼，而不是 xx 镇 xx 村 xx 屯。虽然心里有众多不甘心和不服气，但我并没有向父母表露出来，因为每当我放假回到家里，看到妈妈为我在厨房忙碌的身影，厨房中热气腾腾的景象，我就觉得妈妈为了让我回来能吃上热乎的饭菜肯定又忙乎了大半天，她一定是费尽心思在众多菜单中精挑细选出我最爱吃而又吃不到的几样给我做。而此时的爸爸则忙前忙后的，不断地去小卖部买来各种蔬菜、调料或是水果。仿佛以前这些属于我的跑腿的活，妈妈都舍不得我去干了，而是由爸爸自动承担了起来，并且没有任何抱怨。作为父母，她们再用自己最能表达的方式来表达对我的关心和疼爱。哪怕我回校后她们面临的是要吃近一周的剩菜，也绝对要保证我在家吃的每一顿饭都是变着花样的饭菜。只有父母才能做到对孩子的付出，会细致到一日三餐的精心安排。因为平时见不到，他们想珍惜我回家的每一分、每一秒来表达甚至是弥补对我的爱。所以，每到这时，我都觉得父母已经尽力了，我不应该也没有理由去抱怨他们。

后来我慢慢地感觉到，很多城里的同学其实也不快乐，因为有的妈妈虽然位高权重却不如我的妈妈会教育孩子，动辄打骂孩子，搞的亲子关系很僵；有的父母离异，导致孩子脾气暴躁或者不爱与人交流；有的虽然居住在城里，但居住条件比较简陋，还不如农村的房子住着舒服呢！自信一点一点又回到了我的身上。直到现在，我才感到，原来我极力想摆脱的农村是我很少再回去的故乡，可是那里承载了我童年中太多美好的回忆。我怀念那个春天踏着田野上的垄沟垄台去上学，夏天在两排杨树中间的林荫小道上回家，秋天踩着厚厚的落叶，望着金黄的田野，闻着庄稼成熟的味道，边玩耍边走路，冬天在白雪皑皑的世界里打出溜滑看谁划得远，跑着跑着就到了校门口了。所有这些景象都深深地印在我的脑海里，成了我印象中最美的风景画。上初中时，我和小伙伴们一起坐火车去上学，乡间的列车那时候卖票和检票都还不太完善。十分钟的路程，我们为了省下一元的车票钱而跟列车员斗智斗勇，最后达成协议，我们替他打扫车厢卫生才肯放过我们这些穷学生。每当冬天的时候，下了火车已经是伸手不见五指，我们女同学就三五成群的高声唱歌，手拉着手走路来壮胆。这些都是我当时觉得很不经意，现在却经常回忆的画面。而那些儿时的伙伴，大都和我一样，早已远走他乡、成家立业。每当听到那句"到不了的是远方，回不去的是家乡。"我都会沉思良久。

现在想想，我在农村成长的很多收获，有着住在钢筋混凝土的房子里的城市孩子无法体验到的快乐。那种质朴的生活，教会了我要珍惜今天的幸福生活，做任何事都要踏实肯干。在宿舍楼道内昏暗的灯光下学习生活，磨炼了我顽强的毅力，让我懂得了起点低，就要更加倍努力。在我考上重点高中的那一年，哥哥考上了重点大学，家里宴请的时候，听到最多的一句话就是亲朋好友们的赞叹"看看人家孩子，一个重点大学、一个重点高中。"等到我考上理想大学的时候，哥哥也找到了理想的工作，而妈妈这么多年的心酸和辛苦终于换来了回报。我现在很感激我的妈妈，她在那种消息很闭塞的年代，在很需要劳动力的农村，很多人觉得女孩子读书没什么用，而她能够坚持让我读书，在我小的时候就灌输我一定要读大学的思想，并且在日子很艰辛的时候也没想过要放弃，宁可自己再苦再累，也要让我没有后顾之忧的学习，我才会拥有今天的幸福生活。

当然，我的妈妈只是众多妈妈中普通的一员，其实每一个家庭中的妈妈都很辛苦。就像我刚成为妈妈那会儿，要承受很多痛苦，心里也很失衡，生活中一下子没有了自我，时时刻刻都要为孩子服务，哪都去不成。很多人尤其是当过妈妈的长辈都会很自然的劝我一句说"你以为当妈那么容易啊！"所以，有了孩子，当了妈妈，我们就要付出，就要为孩子服务。

前一阶段在微信朋友圈看到一则对话，在银行工作的丈夫总觉得妻子没有工作，只是一个平常的家庭主妇。但他不明白就是这个家庭主妇几乎撑起了整个家庭的运转。早上5点左右起来打扫房间，准备早餐，之后去送孩子上学，紧接着去菜市场买菜，回家洗衣做饭，清洗餐具，晚上陪孩子写完作业后还要哄他们睡觉。这就是那些看似没有工作的妈妈们的日常，从清晨忙碌到深夜，她们每天要工作24小时。她们既是一位妻子又是一个妈妈，同时还兼具闹钟、厨师、保姆、家庭医生等身份。她们没有周末，没有病假更没有年假，她们的工作不分昼夜，随时待命却经常换来一句"你整天都在忙什么呀？"我们试想一下，如果一个家庭没有妈妈默默的付出，可能家里早已乱成一团，衣服脏了没人给洗，肚子饿了没人给做饭，房间乱了没人整理，甚至垃圾满了也没有人会悄无声息地倒掉。这样估计不出一周，很多孩子和爸爸都会很不适应了。

我现在想对这些正在上中小学的孩子们说，每个妈妈的优势不同，所以表达爱的方式会有差别。有的妈妈可能没有体面的工作，但她会做美味的饭菜，她能做到的或许就是每天想着怎样给你做好每一顿饭，让你在长身体的时候有充足的营养。你可能觉得每天回家吃到美味的饭菜很正常，可不要忘记，为了能让你吃上喜欢的饭菜，无论是严寒还是酷暑你的妈妈都会出去买来新鲜的食材，不管工艺是否复杂，她都会很有耐心的烹饪。甚至为了你能够吃上营养的早餐，她会反复想着第二天早上是包馄饨还是做汉堡包？是煮面条还是做炒饭？甚至为了节省时间，很多妈妈会在前一天晚上就准备好，以保证第二天一早起来时，以最快的速度，最小的声音，尽量不打扰到正在睡觉的你，还让你按时吃上早餐。不为你的一句"妈妈，真好吃"，更不奢求你会想到"妈妈每天这么用心的给我做饭，真是辛苦了"，只为能满足你的胃口，好好吃顿早餐而已。日复一日，年复一年，能支撑妈妈们这样做的就是对子女的爱。可以说，我身边到处都是这样的例子，同事的孩子在读中学的时候，每天早上五点十五闹钟一响，她会准时从床上跳起来，不管是困得睁不开眼睛还是感冒发烧都会坚持起来给孩子准备早餐。等孩子上了大学，早上三遍的闹钟都起不来。虽然她厨艺很好，但经常不知道该做什么，老两口在家吃得最多的就是剩菜剩饭。而当我向这些妈妈们表示敬佩时，她们都觉得这些只是她们应该做到的。甚至，在她们眼里，这些根本就算不上付出。可是反过来想，如果妈妈出去工作，哪个孩子精心的给妈妈做一顿饭，我想很多妈妈一定会感动的掉眼泪，觉得自己的孩子长大了，懂事了。如果让孩子坚持像妈妈一样每天按时早起做饭，估计没有几个孩子能够坚持下来的，更多的孩子或许会想，我还是选择学习吧。但是你们有没有想过在你睡意正浓，被闹钟一遍又一遍的叫醒，很不情愿的起床时，你的妈妈早已起来为你准备早餐了。谁不想多躺一会儿呢，谁在天还没亮就起床时不是靠毅力呢？我自己也是，每天早晨起来都是一百个不情愿。但是想到婆婆那么大年龄每天都早早起来为全家人准备早餐，我就有了动力，觉得自己不再孤单。每当我问她说"妈，你咋起这么早啊？多睡一会呗。"她都会很自然地说："岁数大了，哪来那么多觉，睡不着。"其实，我知道，她是想趁孙女还没醒来之前先把早饭做好，等孩子起来她就没有时间做饭了。早餐又不想糊弄，她就必须要早起。所以每天早上 6 点半之前必须走出家门上班的我，才能经常吃到热气腾腾的饺子、新出锅的包子。对于这样的妈妈，我真想说，您辛苦了！您真是位好妈妈！

美国人在感恩节的时候都会庆祝一下，感恩大自然的馈赠，感谢大自然赐予人们这么丰盛的食物，那我们为何不对这些将食物变成美食的妈妈们怀有一颗感恩的心呢？

父母都可以毫不保留地去爱自己的孩子，但孩子对父母的爱往往都会打些折扣，也就是说父母和孩子的爱是不对等的。究其原因有很多，但有一点是肯定的，那就是孩子缺少感恩。有的孩子会觉得父母对自己的付出是理所当然的，对父母的付出早已习惯或者麻木，甚至还拿父母的缺点和别人父母的优点去比，觉得自己的妈妈只会做好吃的，却不会辅导他功课，也不会像朋友一样和他相处，或者没有工作让他觉得不体面等。但是孩子，请不要忘记，人无完人，你也不是样样都优秀啊，你的妈妈可能在某些方面不如别人的妈妈优秀，但是她对你的爱是任何妈妈都给不了你的。还记得有首老歌叫《母亲》，歌词中写道："你入学的新书包，有人给你拿；你雨中的花折伞，有人给你打；你爱吃的三鲜馅，有人给你包；你委屈的泪花，有人给你擦……"这一幅幅司空见惯的生活场景，却包含了满满的母爱，也是家家户户平凡母亲的真实写照。所以这首歌才会在当年红遍大江南北。

我们的妈妈无论身份高低、无论长得美丑，母爱都是一样伟大和值得尊敬的。我家有个亲戚在当地经营水果，前些年，她去外省的农村果园收购水果，雇佣当地的主妇来摘苹果。由于果园比较偏僻，中午的时候吃饭不太方便，她就给这些主妇们买来面包和火腿肠，让大家午餐简单吃一口。谁知，好多人都默默地把面包和火腿肠放在了兜子里，忍着饥饿继续摘苹果。当亲戚问她们为什么不吃这些食物时，她们说："这些好东西都是娃吃的，不是大人吃的，要留着回家给娃吃。"当亲戚回来给我们讲述这一幕时，我的心里酸酸的，不知是感动还是怜悯，我内心竟然五味杂陈。这些我们都不太爱吃的零食，在这些母亲的眼里是如此的珍贵。他们平时舍不得吃，也舍不得给孩子买，当拥有这些好吃的时候，第一时间想到的就是要留给孩子。她们的孩子可能在家里一天都在盼望着妈妈，希望妈妈干活回来能给他们带来点意想不到的惊喜。真的等到妈妈回来的那一刻，从包里拿出他们平时很少吃的小食品，我想孩子们一定会格外幸福。妈妈们看到孩子开心，一天的疲劳也会消除了一半。虽然很小的细节，却包含着妈妈们浓浓的爱！她们的妈妈虽然平凡普通，却依然值得人们尊敬。不要和别人的妈妈去攀比，更不要在父母面前说狠话，把自己最糟糕的一面呈现在最亲近的人面前。

我在老家有个亲戚，由于他小的时候家中兄弟姐妹比较多，再加上当时经济萧条，那个时候家家户户过的都是无比清贫，能让孩子吃饱穿暖就很不错了。而我的这个亲戚结婚后，总觉得父母没给自己分多少家产，经常跟他妈妈抱怨："我都是白手起家，你什么都没有给我。作为母亲，你没有尽到应尽的责任。我的孩子，我将来一定好好培养，等他像我这么大，她要多少钱我给多少钱，要 20 万我给 20 万，要 30 万我给 30 万。"那个时候还是孩子的我听到这话感到很震惊，难道他就不理解父母把他养大已经很不容易了，为什么还觉得自己得到的还是不够多呢？同时，也为他的母亲心凉。时隔 20 年，他的孩子已经长大了，马上也到了谈婚论嫁的年龄。可以说今天的 20 万、30 万跟那个年代的这个数字是没法比的，就算普普通通的家庭，省吃俭用，也基本能拿得出来，可是他不但拿不出这些钱，自己的婚姻也变得支离破碎，还欠了一身外债。我想如果他能记得自己当初年轻气盛时说的话，一定会为自己感到羞愧。

现在，人们的日子渐渐好起来，在养育孩子方面，经济可能不成问题，孩子想吃什么就给买什么，想穿什么也会尽量满足。但是依然有很多孩子不理解父母，甚至做出过激的行为。无独有偶，去年中考前，我身边的一个孩子可能是心理压力大，也可能是家庭矛盾比较多让他烦躁。他经常和母亲顶嘴，觉得自己的妈妈一无是处，甚至还学爸爸的样子对妈妈指手画脚。动辄就不去上课，不开心了就在家里躺着。她的妈妈为了改变他可谓是软硬兼施，到最后甚至在乞求他学习，只要他学习就无限制地答应他的要求，带他去玩、给他买衣服、陪他看电视，等等。可是就在中考当天，孩子突然说，我不去参加考试了。妈妈让他去考场，他居然双手掐着妈妈的脖子说："我今天这样，都怪你，你不要为难我。"面对这样的问题，我们想帮忙，却知道这不是短时间内造成的，更不是短时间内能解决的。父母觉得自己已经很尽力地培养孩子了，为什么孩子还这么叛逆呢？因为孩子们在物质上从来没有缺乏过，不会有那种对某件东西很渴求，拥有后很珍惜很幸福的感觉。究其根源就是缺少感恩教育，哪怕父母付出得再多，他也不知道父母的良苦用心，也不会对父母心怀感激。所以，在教育孩子的过程中，父母应该从小就培养孩子的感恩意识，自己更要以身作则。

有这样一个故事，我读后一直印象深刻。故事写的是前美国总统杜鲁门当选不久后，有位客人前来拜访他的母亲。客人说："有这样的儿子，你一定感到十分自豪。"杜鲁门的母亲则说："是这样的，我还有个儿子，也同样使我感到自豪，他现在正在地里挖土豆。"读了这个故事，我们没有觉得杜鲁门当上总统有多让人钦佩，而是很敬佩这位母亲。她没有因为儿子当了总统就高看一眼，也没有因为另一个儿子当农民就另眼相待。在她心里，无论他的儿子从事什么工作，他对儿子都一视同仁，他们都是她引以为傲的孩子，所以她是一位智慧的母亲。但反过来，作为子女，不管我们的妈妈是平民还是领导，我们也都应该同样爱戴她们。所以，我们在强调不要父母拿我们去和别人家的孩子去比较时，我们也同样不要拿自己的父母去和别人的父母比。你的妈妈再清贫，但她将你拉扯大，供你读书，对你嘘寒问暖，努力提供给你更好的生活，就说明她是爱你的。因为别人的妈妈再位高权重，再富有，都不会像你的妈妈那样来爱你！作为儿女，我们真的不应该强求，不应该抱怨，而是要通过自己的努力让妈妈过上好的生活，让那些她吃过的苦，受过的累，都通过你的努力，成为她明日的福报。

在这里我不是说那些高贵富有的妈妈们不好，她们每天也需要奋斗，才不会被时代所淘汰。在她们的生活中，儿女一样是她们的生活重心。她们看似每天光鲜亮丽，但每天面临的工作压力不比那些从事体力劳动的妈妈们清闲。甚至，一面为了保证工作正常的升职加薪，一面又想培养好子女，她们甚至要付出更多的努力。记得在读大学的时候，最打动我的除了课堂上老师们精彩的讲授，就是提及她们的孩子时，几乎本科都是清华、北大，要么毕业后去哈佛等名校攻读硕士研究生，要么本校硕博连读，听了那叫一个羡慕。比较一般的也是读了我当时的师大，而且研究生马上考到中科院或者其他更好的院校去。那时候，我觉得自己的这点知识在人家面前就跟小学生一样。可是当我们和这些平易近人的老师们聊天时，问到这些哥哥、姐姐怎么那么优秀啊？您是怎么培养的呀？老师们的答案虽然各异，但总的说来就是，作为父母，他们本身就很努力，每天虽然不坐班，但是回到家里，不是阅读书籍写论文就是为了评职做准备、为出国留学做准备等，家里到处都是书，电视几乎成了摆设。孩子们耳濡目染，见到妈妈都这么努力，自己怎能不努力学习？有一个老师的孩子小，我们读大一时，她还是个小学生，家里没有人照顾她，所以她就常常跟妈妈一起到学院来，那个时候我们都把她当小孩子。我在大学读了 7 年，她的妈妈也断断续续教了我 7 年，而这些当年天真可爱的小姑娘也一路读到了高中，一下子出落成亭亭玉立的少女了。也许是这位老师经常和我们讲起她女儿的缘故，我们都觉得这对母女既伟大又不易。孩子从小在妈妈的熏陶下就爱写文章，还常常在报社发表，后来报社专门为这个孩子开辟了一个专栏。这位老师说，她的女儿在上了中学后，她几乎没睡过完整的觉，每天孩子作业要写到 11 点多，她就陪伴到 11 点多，孩子睡到凌晨 3 点多继续写，她也起来忙碌着给孩子做早餐、整理房间等。在送孩子去课外班进行学习辅导的时候，一路上孩子趴在她身上闭着眼睛，争取在路上再多睡几分钟，而她则两眼盯着窗外，必须保持清醒。其实，光是花费在女儿身上的心血就足以让她很匆忙了。但是身为大学老师的她，还要攻读博士、进博士后流动站、评教授，发表论文、出专著，还要通过很多等级考试。这每一项都不是轻而易举就能做得到的。所以她必须很努力，才能完成这些人生目标。之前网上盛传一句话说："优秀的人不可怕，可怕的是比你优秀的人，比你更努力。"还有句话说："你必须非常努力，才能看起来毫不费力。"对比这对母女，我们就会找到为何自己如此平凡的答案了，也知道了为什么我在大学的那些老师的孩子们那么多考上清华北大了。

今天，能够和父母一起坐在这听讲座的孩子，你们都要庆幸自己是幸福的。因为你们的父母此刻一定有很多重要的事要去做，但是在他们心里，你的教育更重要，所以他们才会放下其他事情来这听讲座，只是希望能获得一些培育你们的先进方法。所以，即便你以前对父母有些偏见，在此刻都要先放下。因为，即使你的父母之前有一些不妥善的教育方式，但他们是努力的，他们正在寻求怎么样才能做得更好！

在一个家庭里，如果父母懂得教育的智慧，孩子知道感恩，我们还何愁家庭不和睦，何愁亲子关系不融洽呢？希望今天的讲座能为大家带来一丝启发，妈妈们要继续努力当一个好妈妈，爸爸们要对妻子多一分理解，孩子们要对妈妈多一分感激，也希望越来越多的家庭能够幸福！

（王 畅）

我和我的儿子

我只是位普通的妈妈，没有经过专业的教育学方面的培训，更没有讲课的经验，我没有华丽的语言，没有精彩的文字，我只能以一位普通妈妈的身份，跟大家分享我和我儿子的故事，

17 年前的一声啼哭，我的儿子来到了这个世界。儿子的到来带给我无尽的快乐和感动。在照顾他饮食起居的同时，我更关注对孩子的教育。第一次为人父母的我，在教育孩子的问题上是迷茫的，看过很多书，咨询过很多教育专家，其实最终落到实处的还是我对自己孩子的了解和认知。有人说，每一个优秀孩子的背后都有无数优秀的老师做向导。而作为孩子的第一位老师——

父母，我们的教育引导对孩子一生的发展是十分重要的。

很多的教育专家都强调父母与孩子的"亲子关系"，亲子关系最融洽的阶段是孩子出生后到上学前。在这个阶段，孩子没有学习任务，又处在低年龄阶段，比较"听话"，亲子关系一般很"和谐"。在这里，听话和和谐我是打了引号的。因为在这个阶段，我们的家长会经常以一种娇惯的语气对孩子说话，对孩子的要求往往有求必应。孩子高兴了，亲子关系也和谐了，但同时也养成了孩子任性、哭闹、用情感操纵大人的种种恶习。家长在这种情况下，容易选择妥协。我儿子在五岁时，那时他刚上学前班，在我家楼下的商店里，看到了他喜欢的玩具。因为平时我很注意对他讲话的语气，尽量不用娇惯的语气说话，所以我和以往一样跟他讲明了不买玩具的理由。但孩子第一次，也是唯一的一次，在商店里大哭大闹，非买不可。我没有选择去哄他，也没有选择去教训他，而是默默地走开，径直走到结账区，结完账后我头也不回地往商店门口走去。好多人围着孩子，哄着他，都说这个妈妈怎么那么狠心。其实我一直在关注着他。儿子看到我真的走了，马上停止哭声，奔跑着朝着我的方向找来。我故意让他很容易找到我，因为我不想在孩子幼小的心里留下妈妈不要他的阴影，但我没跟他说话，我俩一直就这么走着，直至到家，放下东西，我就那么看着儿子，还是不说话。孩子不怕你吼他，也不怕你打他，你越吼他，他会越跟你对着干。其实孩子最害怕的就是你不理他。儿子小声跟我说，妈妈，我错了，我不该要玩具，我不该哭。我知道在我和儿子往家走的时候，儿子已经意识到自己的错误了。所以在我开口说话时，我没有过于严厉，重点强调不买玩具的理由，让孩子明白所有的事情都需要合理的，有规矩的去做。从那以后，再也没有出现过类似的情况。直到现在，当他需要什么的时候，哪怕是因为自己的一点小虚荣。比如，看到很多同学都有而他没有的游戏机、手机时，我们都是商量着来，共同探讨购买这件东西的必要性，达成共识，也就避免了很多的困扰。

亲子关系里的三个主角，父亲、母亲和孩子，每个人都要付出努力来维护彼此的关系。在这种关系中，父母首先要有好的沟通，为孩子创造温馨的、安静的、有爱的生活和学习环境。父母双方在日常生活中一定有这样那样的矛盾，有时就会有争吵，甚至是三天一大吵，两天一小吵。父母吵架时即便是背着孩子，孩子也能感受到家里气氛的异常，他就会担心，今天爸爸妈妈会不会吵架。我和孩子爸爸就曾经有过这样的一段时期，儿子的思想负担特别的重，甚至我和他爸爸说话声音大了，儿子都会像惊弓之鸟一样，赶紧到我房间里来看看。这种思想负担严重影响孩子的心情，一段时间儿子晚上不敢睡觉，非要等到我们都睡了他才肯睡，或许只有那样孩子才会感觉今晚安全了。我意识到问题的严重性，和他爸爸进行了一次深入的交谈。我们都是爱孩子的，不能因为我们的矛盾来影响孩子的一生。当我们放下矛盾，共同关注孩子的时候，我发现我们的矛盾在一点点消失，儿子也不再担心我们会吵架，家温馨了、安静了、有爱了。现在我们家亲子关系里的三位主角，都可以得最佳男女主角奖了。

陪伴也是亲子关系中很重要的一个环节，我们这个年龄段的父母，都是在事业里打拼的阶段，各种应酬，各种忙碌，陪伴孩子的时间就越来越少，甚至把孩子交给老人。在这一点上，我和孩子爸爸早早地就达成了共识，无论再忙，都会有一人去接送孩子上学和放学，陪着孩子吃饭、学习。我们家每天晚饭后，大家都不离开饭桌，围在一起讲讲今天发生的事，天南海北的什么都聊。我儿子开玩笑说我们这是饭桌会议。通过这种方式，不光拉近了我们彼此的距离，也让我们及时了解了孩子的想法。为了不跟儿子拉开距离，让我们的心在一起，不让他学习时感觉是自己一个人在奋斗，儿子写作业时我都会拿着他看的书坐在离他有些距离的地方陪着，让他感觉不是他一个人在战斗，儿子和我都很享受这种陪伴。儿子有一天跟我说，他的一个同学，父母都有自己的事业，只请了一个保姆照顾他的起居，孩子每天都是孤零零的。同学对儿子说，我真羡慕你，每天都有爸妈接你，每天都有人陪你，我回家就自己，连个说话的人都没有。孤独会让一个人性格变得孤僻，久而久之就会产生对周围事物和人的排斥，甚至会变得极端。其实算算，我们真正能完全陪伴孩子的时间又有多少呢？或许就18年，当他考上大学，去另一个城市，甚至是另一个国家求学时，孩子们便是那长大的雄鹰，从家飞出去，离我们就越来越远了。珍惜和孩子在一起的时间吧，哪怕是和孩子的争吵、生气，回过头来想想都是甜蜜的。

在日常生活中，我和儿子始终保持着平等的关系，一直以朋友相处，但这种朋友的关系度的把握非常重要。我的一位朋友，一直以和孩子是朋友而津津乐道，在讨论如何跟孩子相处时，总是说她和她儿子就是朋友，无所不谈。一次我们结伴出游，在海岛上，因为一件很小的事情，他的儿子大发雷霆，斥责他妈妈如何如何的不对，甚至在他妈妈的后背狠狠地打了一下。这时他妈妈的表现让我和儿子感到很惊异：我的朋友居然感到无所谓，跟我们说他们平时就是这么打打闹闹，开开玩笑，已经习惯了。在回来的路上，我和儿子就这件事展开了讨论，和孩子保持平等的关系没错，但要把握度，要在尊重父母敬重父母的基础上平等相处，否则就会物极必反。儿子说得一句话让我印象非常深刻，他说：妈妈，你才是我真正的朋友，朋友的定义应该是相互尊重、相互帮助、相互提醒各自的不足、相互提携、共同进步。

　　儿子说的太好了，在和儿子共同成长的过程中，我尊重儿子所有的想法，哪怕是错误的，首先也要尊重他。在尊重的基础上，不以长辈自居，在他的立场上探讨问题，逐步达成共识，让孩子感觉到的是你真心想帮助他，而不是因为自己是父母而高高在上，随意发号施令，强制性地让他被动接受。要让孩子相信你，相信你是理解他的，从心底产生对你的信任，其实挺难的。这其中，以身作则是必须要做到的。我一直教他做人要诚实守信，我答应孩子的事就一定做到，如果有做不到的，我会主动向孩子道歉并解释原因，有诚意的道歉远远比敷衍了事来的让人信服。但说到而做不到的事情一定不能次数太多，否则，孩子就会产生对父母的不信任，再诚挚的道歉也无济于事。孩子是父母的镜子，父母的一言一行直接影响孩子未来的行为走向，为了把儿子培养成我希望的样子，我努力将自己培养成一位绅士。在生活中我特别注意自己的言谈举止和行为规范，说话温文尔雅，对身边亲人和朋友关爱，遵守社会公德，不断地学习来提升自己，在工作中努力打拼。无论在哪我都时刻提醒自己：孩子在看着我呢。久而久之，儿子就长成了我希望的样子，现在的他懂礼貌，爱身边的每一个人，身上满满的正能量，在这一点上我感到非常欣慰。所以想成为孩子的朋友，就要真正地进入到他的世界里。比如，关注时下流行什么歌曲，都有哪些孩子们喜欢的明星，并且注意收集这些明星的资料，留意当下网络事件和网络用语。举个例子，有一天，儿子放学回来，我们俩聊天，聊着聊着就对一件事产生了分歧，我突然冒出一句，儿子，咱俩再讨论下去，友谊的小船可就说翻就翻了。儿子吓了一跳，妈妈你怎么知道这个梗的？这可是今天网上才出来的呀。接下来，儿子更加兴致勃勃的开始讲述他在学校的事情，那天我和儿子都格外开心。

想成为孩子信赖的朋友、无话不谈的朋友的确比较难。我的一位同事，女儿和我儿子一样大。同事说，她女儿跟她无话不说，手机里的信息随便看，微信朋友聊天记录也随便看，她感到很欣慰。可是我有一天偶然发现她女儿又申请了一个新的微信号，是她妈妈根本就不知道的。在那里的她才是真正的畅所欲言。在这个问题上，我和儿子沟通过，也探讨过，我给予儿子充分的信任，不翻看他的手机，不去窥视他的聊天记录，这种信任反倒让儿子放掉戒心，很自然地和同学聊天，遇到开心的事情，直接拿着手机到我面前和我一起分享。

想成为孩子信赖的，无话不谈的朋友还有一点很重要，那就是对他的认同、赞赏和鼓励。儿子不是非常聪明的孩子，接受新知识总比别的同学慢，辅导他学习的时候，总是要付出比别的家长更多的耐心。但我从来没有说过你怎么这么笨，你怎么这么傻等侮辱性的语言，也没有说过你这样不会有出息的挖苦和戏弄的语言，总是用鼓励的、赞赏的语言来对儿子说。这种鼓励和赞赏不是空泛的，而是切合实际和实事求是的，否则空泛的鼓励反倒使孩子更加不相信自己。比如说，孩子你是最棒的，你是最优秀的等，这种没有实际意义的话不要说，咱们要举出具体的例子。儿子刚上初一的时候，第一次月考没有考好，可以说是他学生生涯的一次惨败，自信心完全没有了。儿子跟我说我不想上学了，不想在这个班级和学校待着了。这时候一句儿子你是最棒的，你是最优秀的，爸爸妈妈相信你一定可以的，这种话只能让孩子更加不相信自己。我坐在沙发上，看着儿子发泄，看着他自言自语地说着不学了，再学也学不好，怎么都不如人家，自己就是个笨蛋，说了很多否定自己的话。这种情绪他维持了很长时间，甚至影响到了他的性格，很长时间内他不跟任何同学来往，不跟我说心里话，甚至很少说话，整个人陷入自闭的情绪里。我知道，短时间内，用鼓励、赞赏、激励的话对他都是没用的，只能每天观察他的动态。儿子是个对长辈非常敬重的人，每天晚上睡觉前，都会到他姥姥和姥爷的房间道一声晚安，然后到我的房间来。我抓住这个机会，在我的房间门口等着他，等到他来给我道晚安时，我给了他一个大大的拥抱，一个很用力地拥抱。儿子惊呆了，毕竟我们母子之间这么亲密的举动，自他上了初中后就没有过了，儿子什么都没说，但看得出来，他触动很大，也许是感受到了来自妈妈的鼓励。其实那天我也有很多的感触。我们这代人，表达情感的方式太含蓄了，不会经常有这样表达爱的举动。那天开始，我和儿子有了某种默契，一定要有个拥抱才能安心入睡。每天我们都会聊天，一开始孩子拒绝跟我交流，我就会自顾自地说话，表扬他对待家人得好，是很多孩子没有的品质，照顾老人，尊敬教他的老师，一件小事我都会具体的拿来表扬他，一点小小的进步我都会鼓励他，所有的鼓励都建立在具体的事情上。慢慢地，经过大半年的时间，儿子开始有笑容了，开始跟我讲话了，开始有说有笑了，开始和同学有互动了。初二的那个寒假，学校组织同学去新加坡交流学习，我决定让我儿子去。当时家里人包括他的班主任都很担心他的状态，担心他无法融入同学中去，刚有的一点起色打回到原点。我想我要赌一把，跟儿子谈了好几次。从他踏上飞机，我的心就一直悬着。半个月后，当看到从机场出来的儿子，我的心放了下来。阳光、自信、快乐洋溢在孩子的脸上，这比什么都重要。中考后，儿子的成绩虽然考不上重点高中，但我知道，初三的一年，孩子尽力了。我没有太在意孩子的成绩，我更在意儿子的心理健康。我知道儿子需要什么，他需要建立自信，有了自信才能真正融入集体中去。我发现儿子嗓音条件很好，便建议他去学声乐，我想让他在音乐中找到自己的位置，建立起自己的信心。通过一段时间的学习，儿子有了长足的进步。儿子第一次上台表演的时候，看到他那么自信满满，那么自如，那么潇洒，我在台下流泪了，所有的付出都是值得的呀。现在和儿子共同回忆那段艰难时光，我们两个人都会说着说着就笑了，笑着笑着，眼里也都有了泪花。

当儿子逐渐融入集体中去的时候，我们之间也已经养成了互相倾诉的习惯，这也就到了我想说的，想真正成为孩子信赖的朋友，最重要的就是静下心来倾听孩子的心声。

上了高中的儿子，已经初步有了自己的世界观、价值观、人生观，但往往会受到网络上和同学之间一些不正确思想的影响。因为我们之间有了基本的信任，探讨和交流的时候，我会静静地听儿子说，听他的想法和观点，无论对与错都不会轻易打断他的话。等他说完，再根据我的经验，对他加以指导。但这种指导不能是说教性的，而是举一些他能接受的例子。通常我都会以自己为例，说说我成长过程中遇到的问题，有的时候也需要父母自黑一下，以达到说服他，引导他的目的，让他感受到，哦，原来在他眼里这么优秀和成功的妈妈，也有过叛逆，也犯过错，也有过迷茫呀，这样儿子就会更容易接受我给他的建议和意见。儿子有时候会向我推荐他认为很好的书和栏目，我都会认真地去看去听，就是为了和孩子有共同语言，也让他觉得得到了尊重。现在的我们是真正的无话不谈，甚至我有心事的时候还会跟他倾诉，儿子会反过来安慰我，开导我。在和儿子共同成长的岁月里，他给了我很多感动。我父亲去世的时候，儿子始终陪伴在我的身边，他没有跟我说一句话，只是一直握着我的手，让我依靠着他的肩膀，他用这种方式鼓励我安慰我，让我感受到他已经是个男子汉了。其实，那时的他也沉浸在巨大的悲痛中，他从未和姥爷分开过，感情非常深厚，可他的悲痛从没在我面前表现出来。后来我听他老师说，儿子回到学校，趴在课桌上号啕大哭。他跟老师说，我不敢在妈妈面前哭，我要给她力量，让她安心。的确，是儿子给我力量，让我走出悲伤，积极面对生活。

现在我的儿子是一个阳光、开朗、正直，有爱心，有幽默感的孩子。回忆孩子的成长历程，他从一个内心自闭的孩子，成为在学校各类大型活动中担任主持，在朗诵比赛中屡屡获奖的阳光大男孩；从一个在班级里默默无闻的透明人，到成为同学口中的大尊；从一个一天都不会说话，所有的老师都拿他没有办法的孩子，到成为老师和父母的开心果，这其中的艰辛只有儿子自己知道。当所有努力有了回报，所有的付出都是值得的。

我们做父母的都有自己的工作，很多家长工作都很忙，繁杂的事物牵扯了我们的精力，忙碌了一天，可能没有心情和精力去和孩子聊天。但我还是希望各位家长，一定要抽出时间，陪伴孩子，陪伴他们一起成长。当您的孩子有欲望跟您讲话的时候，一定耐心再耐心地听他们把话讲完。如果可能，请您也参与一下他的讨论，走进他们的内心世界，成为孩子真正的朋友。你会发现，孩子回报给你的才是最让人感动的。

（王晓泓）

幸福家庭孕育孩子健康成长

在这次直播活动准备之初，我和孩子的爸爸与孩子就这次直播活动的主题和内容进行了沟通，让孩子提出他的真实意见和想法，主导这次活动。一方面培养他的自信心，锻炼他的语言表达能力；另一方面鼓励孩子表达他对爱的理解，让我们更深入地了解孩子的内心世界。但是，惊喜的是孩子在整个直播活动准备期间，提出的一些观点和意见，对一些事情的认识和感悟，完全超出了我们的想象。同时，也让我们更深刻地认识到父母在日常生活中的言行对孩子的重要影响以及幸福家庭对孩子健康成长的重要性。感谢真鑫大家庭，让我听到了孩子内心深处的声音。接下来我会和大家一起分享在孩子成长过程中，我们家庭的一份平凡、一份幸福、一份感悟。

孩子的心灵是洁白无瑕、天真纯朴的。生活在什么样的环境中，就会造就什么样的性格。著名的教育家曾经说过："野蛮产生野蛮，仁爱产生仁爱。"如果家庭经常"战争"不断，父母关系紧张，孩子在这样的家庭氛围中，就会渐渐由恐惧走向厌烦，甚至怨恨。心灵受到创伤，无心学习，无心向上。而父母总是心情开朗、愉快，家庭氛围和谐、温馨，孩子也会觉得人生充满了幸福和快乐。为了孩子，也为了全家人的幸福，家庭成员应该共同努力，创建一个温馨与和谐的家庭氛围，让孩子健康成长。

从孩子呱呱坠地的那一刻起，我们的家庭多了一份快乐，多了一份幸福，同时也多了一份责任。相信很多家长和我们一样，初为人父人母的我们，在孩子的成长过程中，在孩子的教育问题上迷茫过、犹豫过，我们也在矛盾中不断地劝解着自己，说服着自己。是啊！作为父母的我们，看着孩子那张稚嫩的小脸，我们要将全部的爱给予这个小生命，呵护他健康快乐地成长。应该说每位父母都希望能够让自己的孩子深深地感受到家庭的温馨和童年的美好。为孩子创建一个温馨、和谐的家庭环境对孩子的成长也是非常重要的。每个孩子来到这个世上，就注定了他属于一个特定的家庭，这里便是他最早的生活环境。当孩子逐渐长大，他们走向幼儿园、学校乃至更为广阔的社会后，家庭仍然是最贴近、最亲密的归属，也是影响他们健康成长最深、最重要的环境。

我和孩子爸爸一直以来对孩子的教育理念就是给孩子足够的思维空间和选择的权利。记得在一篇文章里看到过这样一句话："一个人活着的价值，就是自己可以做出选择，享受选择的快乐。"作为父母，我们从不把自己对事情的理解和看法强加于孩子的身上，我们只是在方向上给予引导，提供选择的可能性，最后都让孩子自己做决定。而且，我们坚信孩子会做出对自己最有利的决定。中国传承下来的教育理念大都是子女要听父母的安排，父母一代没有实现的愿望都要由自己的子女去实现。但在我的思想意识里，一直有个声音在告诉我，不要给孩子太多的束缚，条条框框会限制他的思维方式。随着时间的推移，社会的不断发展和进步，积极的思维方式和创新才是日后的主流。每一代人身上都带有时代的气息，我们家庭在努力着，不要让我们的时代气息去影响着 00 后的儿子。

　　在孩子四岁半的时候，为了培养孩子的业余爱好和兴趣，我们把孩子带到琴行，让孩子自己亲身体会一下音乐的魅力，选择自己钟爱的乐器。起初，金泽看着其他的小朋友演奏各种乐器，不论是钢琴、架子鼓、二胡还是小提琴、葫芦丝等乐器，都想亲自体验一下，表现出浓浓的兴趣。经过两三个月不断地出入琴行，孩子逐渐的对各种乐器有所认识，并更多地驻足在二胡教室的门口，关注教室内小朋友的二胡演奏。看着他那被二胡所吸引的眼神，我问孩子，想学这种乐器吗？孩子兴奋地点了点头。我看着他稚嫩的小脸和渴望的眼神，和他说道："孩子，你可以自己选择一样你自己最喜欢的乐器，妈妈也支持你。但是妈妈对你的要求是一旦选择了就要好好坚持下去，做任何事情都要持之以恒。"孩子坚定地点了点头，并承诺一定会努力学好的。于是，孩子选择了二胡，并一直坚持到现在。虽然在漫长的学习和练琴的过程中，孩子也出现过逆反的情绪。每当这个时候，我都会和他讲起当年选择学习二胡的往事，最终他都会欣然一笑，然后坚持自己的选择和承诺。如今二胡早已过了十级，可他依然坚持练琴，把二胡当作终身的爱好。我相信只要是孩子自己选择的，是他所喜欢的，再加上家长的正确引导，孩子一定会坚持下去的。好多身边的亲戚和朋友看孩子如此坚持练习二胡，常常会说，孩子这么听话，你不如让他学习钢琴。每每这个时候我都会告诉他们，这是孩子自己的选择，我们应该尊重他。正是因为我们尊重了孩子的选择，孩子今日才会有如此的坚持和成绩。所以，在之后的课外学习班的选择，我大多数还是尊重孩子自己的意见。试听后由孩子自己来做决定，但是我会要求他说出选择的原因。偶尔有意见不一致的时候，我会把我的想法分析给他听，如果他觉得我说的有道理，就会接受我的意见。但我们之间有一条不成文的规定，一旦选择了，就要坚持！

记得在 2016 年年初的时候，孩子想要学习新概念英语。我在知道孩子的学习需求之后，便开始和身边的家长、朋友了解有关新概念学习的一些情况。先后试听了四、五位老师的课程。老师们的讲课风格不尽相同。有以阅读为重点来讲新概念课程的，有以做游戏的方式来讲新概念课程的，还有以结合初中知识来讲新概念课程的。在此次老师的选择上，我和孩子出现了分歧。起初孩子倾向于以做游戏为主的某英语培训机构，而且很坚持，试听后就要我当时给他报名。在得知孩子的选择后，我并没有直接否决他的选择，而是本着选择了就要坚持的原则，让我们再考虑考虑。在之后的几天里，我就找机会做儿子的工作。最后我的心思被儿子发现了，他笑着对我说，妈妈，其实我知道，你想让我去郭老师那学习，是想让我能够尽快适应英语考试的节奏。但我还是比较喜欢通过边做游戏，边学习英语的方式来培养我对英语的兴趣。听到儿子的解释后，我更加有信心来劝说他了。我告诉他，妈妈相信作为一名五年级的小学生是可以做出正确的选择的。妈妈再给你几天时间来做最终的决定。最后儿子选择了和郭老师来学习新概念，至今为止已经坚持学习一年的时间了，而且已经完全适应了老师的讲课方式及节奏。事后，我问他，是什么让他做了最终的决定。他摸着头说："妈妈，其实我就是想能在玩中学习多好啊，但是我知道你的想法是对的，我也知道，作为一名高年级的学生，不应该再在学习上以玩为主了，你给了我足够的时间，让我思考、决定。我最后的决定是在冷静下来后做的。"说到这，我们母子二人不约而同地相视一笑。

在我们家里就是这样的，遇到任何的事情、分歧，大家都不会去激化它，而是给彼此足够的时间和空间去思考、去解决。对于孩子的选择，也是采取尊重的态度。即使孩子的选择会有一些偏差，我们也会耐心地引导孩子，给他足够的时间和空间去学会思考，最终做出正确的选择。

在孩子成长的道路上，时时地陪伴也是非常重要的。陪伴是对孩子最大的尊重和最好的爱。家庭教育专家和心理专家都曾指出，孩子0～12岁是成长的关键时期。跟父母建立亲密的依恋关系，这关乎孩子一生安全感和幸福感的建立。畅销了好几年的育儿书《好妈妈胜过好老师》里有句话我深刻认同：不亲自带自己的孩子就是渎职。《穷爸爸、富爸爸》里也有一句话，所谓成功，就是有时间照顾自己的小孩。作为父母的我们，要舍得花时间陪伴孩子，把孩子作为朋友，和孩子交流思想、交流生活和学习的感受，使他健康快乐地成长。对孩子要关爱，但不能溺爱，家庭里要给孩子创设和谐快乐的氛围，使孩子感受到父母的温暖，这样孩子就能在健康的环境中养成开朗快乐的性格，从而健康快乐地成长。关注他们想做的事情，带他们一起去认识世界，感受人生。同时，家长作为孩子的第一任老师，在生活中就是孩子的榜样，父母的所作所为直接影响着孩子的思想行为。我们的情绪以及成熟程度，我们对生命的理解和态度，我们处理亲密关系的能力，被我们面前的这个小生命映照得一览无余。从某种程度上来说，他来到这个世界上，督促父母把从前忽略的课程补上，不断完善自己的人生地图。如果我们处理不了与自己、与他人的关系，怎能处理好与孩子的关系？如果我们对这个世界不再好奇，怎么能留住孩子的好奇心。有位妈妈感慨地说："我现在才理解孩子是天使这句话，如果不是养育他遇到困难，我不会去探索，不会深刻反思自己的成长历程和思维模式。现在，我的生命在走向开阔，这是孩子给我们带来的改变。"所以说，在陪伴孩子成长的道路上，我们也应该和孩子一起不断地学习和进步，竭尽所能为孩子树立榜样，帮助孩子确立正确的人生观和价值观，营造幸福和谐的家庭氛围，孕育孩子健康成长。

（陈金泽妈妈）

第三篇：

我和我的爸爸妈妈

妈妈是我最好的"朋友"

一直以来，妈妈都说我就是上天赐给她的一枚幸福果，我们能够相遇，是那样的幸福！妈妈说，每每听到别的同学和家长夸我善良懂事、大度随和等一些话，我都感到真心欣慰，因为当我呱呱坠地的那一刻，妈妈最大的心愿就是希望我能有个好品质、好心态。先做人，后做事，妈妈说这是一生的财富。

记得小学五年级，有一次评选"最美小鱼"，那是实小的最高荣誉。评选结果出来后，我以一票之差屈居第二。老师对这个结果表示很诧异，她认为，按以往的投票情况，最高票一定是我。因此，老师了解了一下，那个同学私下里拉票，同时也给自己投一票，而我把自己那一票投给了她，就产生了这个结果。老师跟妈妈说后，她特意观察了我的反应，看到的是我真心地为那个同学鼓掌表示祝贺，眼神无比真挚。妈妈很欣慰地对我说："宝贝儿，这样才是你！保持你的善良、真诚和友好。人生的初级考核，你合格了！"同时，妈妈又不失时机地给我上了一小课，聊天中妈妈告诉我，那个同学能拉票和投自己一票，那都是自信的表现。自信是人生的风向标，这正是我应该向她学习的东西！妈妈让我明白，结果不重要，重要的是过程。妈妈说，我始终是她心中最美的小鱼。我俩就这样温馨地结束了这个话题。

其实，我感觉平时我跟妈妈就是好朋友，我们会互诉衷肠，互相理解，不掩饰，不隐瞒。在不失原则的前提下，妈妈会合理采纳和尊重我的意见和想法。

幸福快乐的小学生活，在时光奔跑中一晃而过。转眼我成了一名初中生，生活节奏也因此加快，发生了很大的改变，我一度不适应，经常因为压力大而一个人流眼泪。这时候，我的知心朋友——细心的妈妈，发现了我的异样，和我进行了一次彻彻底底的聊天。没有呵斥，只有理解和耐心的开导，妈妈是真正能走到我心里去的。从那天起，我如释重负，快乐又重新回到了我的身上，微笑也再次挂上了我的嘴角。因为打开心结，我能继续轻松上阵，在上次的全区考试中，我比期中考试取得了明显的进步，得到了老师的表扬，我心里好开心！我很感谢妈妈，妈妈永远是我坚强的后盾。

（王子怡）

我和我的爸爸妈妈

今天我从我自身的角度来跟大家分享一下教育男孩的一些问题。书上说，男孩的成长分为三个阶段：第一个阶段是从出生到6岁，这一阶段称为"温柔岁月"。第二阶段是6岁～13岁，这一阶段是要让孩子学着成为男人。第三阶段14岁以后，被称为男孩向男人转变阶段。千万不要觉得你家的小宝贝还只是个孩子，就是这个男孩，他终有一天会成为一位兼具责任感和成熟魅力的顶天立地的男子汉。这一隐秘而巨大的变化，就发生在你与之共同生活的十几年间。男孩身上与生俱来的男性气质，是家长一定不能忽略的。了解男孩成长过程的三个关键阶段，培养他所有积极正面的品质，在适当的时候让最合适的人陪伴他、影响他、引领他成长……数年后，作为父母，我们将为此而收获骄傲！

我家住在农村，爸爸妈妈都是地地道道的农民。农村家庭都是男人在外打工，女人在家种地照顾孩子，我家也不例外。所以从我第一天上幼儿园开始，跟父亲接触的就很少。父亲是个船员，用我们当地的话说，就是在渔船上帮忙打鱼，每年只有秋天和过年会回家待一段时间，所以家里的大部分事情都是母亲一个人来做。那时我家还没有自己家的房子，是借住在自己屯里的朋友家里。小时候的一个冬天的一个下午，我和屯里的小朋友在屯里玩了一下午，非常开心。妈妈干了一天的农活，晚上做好饭之后出来找我回家吃饭我才回去，我能清楚地记住妈妈那时候很疲惫，半夜突然我身体很不舒服，开始发烧还伴有咳嗽，妈妈吓坏了，立刻帮我穿好衣服背着我出去找大夫。因为离镇上比较远而家里又没有别人，妈妈一个人背着我在冬天的黑夜里到了隔壁屯的一个会看病的阿姨家里。由于是半夜了，那位会看病的阿姨家里也没有相关的医疗设施，只能到镇上的医院。我不知道妈妈当时哪里来的力量，就自己一个人把我背到距离七八里地的医院。到了医院，值班医生说是急性肺炎。最后在大夫的治疗下，我没事了。但是这件事在我的脑海里却一辈子都忘不掉。那时候，我的妈妈还不到 30 岁，到了医院之后，妈妈哭了，那时候妈妈的衣服是湿透的。我知道妈妈哭的那一瞬间包含了太多的东西了。在我的印象里妈妈胆子很小，自己一个人不敢走夜路，而且从家里到镇上医院的必经之路两旁是一片玉米地，没有一户人家。后来妈妈对我说，她那天晚上吓坏了，怕我出事，所以以往夜里的那种恐惧一点都没有了。直到大夫说我没事了，妈妈才放心。妈妈说那一瞬间她感觉整个人都软了，因为在整个过程中，妈妈的身体和精神都处在高度紧张的状态。这是在我的印象中妈妈第一次为我哭。这件事情对我来说有非常大的影响，可能因为这件事，让当时那么小的我更加深刻地理解了母爱。而同样因为母亲为我哭，让幼小的我心中有了一点冲动，一种奋发向上的冲动。其实爱真是家家如此，任何一位母亲都无私地爱着子女。

表姐家的儿子今年刚上初一，一个刚刚升入初中的小伙子对周围的新环境、新老师、新同学充满了兴趣，整个人都变得格外活泼开朗。但是初中毕竟不像小学，学习生活较为紧张，学校、家长都非常重视孩子的学习成绩。第一次月考，基础不是很好的他考的成绩并不是很理想，表姐一家都比较着急，于是在家长会的时候和班主任进行了沟通。班主任认为孩子脑袋很聪明，但不是很稳，对学习的兴趣也不是很大，而且刚升入初中可能还没有完全适应初中的生活。但是接下来一定要好好管教，不能继续这样下去，要不然在起点就输了。回家之后表姐和表姐夫就开始商量要怎么管教孩子，最后两人达成一致意见——给孩子制订一个学习计划。偶然的一天我接到表姐的电话，说："晚上有时间吗？好久没见了，想和你见面聊一聊。"于是我在休息日的一个下午到了表姐家，表姐把孩子的情况一五一十地跟我说了，而且反复强调孩子怎么难管教，不管怎么说都听不进去，甚至有的时候还跟父母对着干。由于工作比较忙，我基本上很少到表姐家，对孩子了解的也比较少，但是听了表姐的话，我心里大概了解了情况，于是我决定等孩子晚上放学回家之后看下孩子的反应。晚上五点半左右，孩子背着书包回来了，一进门，孩子看到我非常开心地跟我打了个招呼，然后急急忙忙丢下书包。这时候表姐发现孩子的书包拉链是没有拉上的，语气很不好地说："你的书包拉链怎么不拉上？书包里的东西掉了怎么办？你这孩子怎么总是这样毛毛躁躁的，让我怎么说你好……"孩子的情绪一下就低落了很多，但是一句话都没说，因为他知道家里有客人。到了晚上吃饭的时候，表姐问孩子："今天学校小考了没有？考得怎么样？及格了吗？"孩子说："考了，及格了。"在接下来的十几分钟内，表姐一家当着我的面，在饭桌上讨论着孩子的学习情况。表姐说完，表姐夫说。其中自然少不了作为父母望子成龙的那种期望和父母为了孩子可以牺牲一切的心情。而孩子大部分时间都是安安静静地坐在那里，认真地听着父母说，一句想要顶撞父母的话都没有。但是刚刚回家之后和我打招呼的良好情绪已经完全消失了。这一切我都看在眼里，一句话也没说。我心想着，这个小伙子这么久没见，变化真的很大，但是我能感受到孩子有自己的想法。就这样吃完饭之后，孩子面无表情地回到房间准备开始写作业。过了一会，我敲了敲孩子的房门打算和孩子谈一谈，因为我知道孩子肯定有自己的想法。进到房间后，我随手把门关上了，坐在孩子的旁边。能看出来，孩子情绪仍然不高，但是孩子对我态度很好。我直接跟孩子说："你很棒。"孩子很吃惊地看着我，问我："恩？为什么这么说？我哪里棒了？"我说："从刚刚吃饭的时候我就能看出来，你很棒。我能看出来你不太愿意听父母说那些话，而且还是在你吃饭的时候，你一定没吃好。但是你的表现真的让我对你刮目相看，你的表现真的是一个男子汉，所以我说你很棒。"孩子听到我说的话，脸上出现了笑容，问我："你真的是这么认为的吗？"我说："是的，但是我知道你一定有你自己的想法，对吧？你介意跟我聊聊吗？也许我能帮到你什么。"孩子在得到我的肯定之后，对我产生了很大的好感，于是孩子把他心里的想法都跟我说了。孩子说："我知道爸爸妈妈希望我有个好成绩，但是他们总是不停地说那些大道理，我都可以背下来了，而且总是在吃饭的时候说这些事情，说的我饭都不想吃了。"说到这里孩子眼睛看了一下门口，然后继续说："我也想考好的成绩，但是靠他们天天讲大道理就能考出好成绩吗？"说到这里孩子情绪有点小激动，我能看出来，孩子现在是完全信任我，把他心里的最真实的想法都跟我说了。然后我看了一下孩子的作业本，上面写了每天的作业内容，但是从字迹上能看出来，大部分都是在完成任务。我跟孩子说："我特别能理解你现在的想法，但你好好想一想他们这么做是为了什么。虽然他们的表达方式可能让你有想法了，但是归根结底，他们是爱你才会这么做。从你今天的表现来看，你是一个真正的男子汉，那么你就应该拿出男子汉的样子。你有什么想法可以跟父母好好谈一谈，我相信他们会理解你的，或者你可以跟我说。"孩子心领神会地点了点头。然后我又跟孩子聊了一下他的学习情况，其实孩子一直都有自己的想法，只是他没有跟父母说，因为他觉得他现在成绩不好，跟父母说了也没用。

想必这种场景在很多家庭中都出现过，但是为什么这个小男孩自始至终都没有顶撞过父母一句，因为他心里有了自己想法，像孩子说的跟父母说了也没用，索性就不说了。而在我跟他谈话的过程中，一个词语却引起了孩子的很大兴趣，这个词语就是"男子汉"。因为这个年龄的男孩都希望自己被认可，同时也觉得自己长大了，很多事情自己都可以独立解决了。而这个时候我们需要好好地对这个小男孩进行一个引导，不能直接对这个男孩进行否定，即使我们知道他现在的想法都不成熟。我另外一个长辈家的孩子，今年读初二，刚 14 岁，是一个比较活泼，同时也带有一点倔脾气的一个小男孩。有一次他妈妈找到我问我，孩子现在成绩不太稳定，时好时坏，该怎么办？总说他还不愿意听，有的时候还嫌妈妈烦，然后他妈妈因为孩子不听话或者成绩不理想这些事情就心情不好，就习惯性地把这些情绪贯穿在教育孩子的言语中，发泄在孩子身上。同样我跟孩子进行了一个简短的谈话，我问了孩子几个问题，其中的一个问题是：如果这个假期你的父母只提供住的地方，其他的事情都让你自己解决，你觉得怎么样？孩子立刻回答我说："可以啊，没问题啊。"然后我又问："那最基础的问题，吃饭你怎么解决？"孩子说："我假期可以自己出去打工，然后挣钱，这样我还可以直接买我自己想买的东西。"这个时候妈妈在旁边直接插嘴说："你算了吧，你这么小到哪里打工，你拿什么养活自己，净在那说大话。"然后孩子表情立刻就变了，对妈妈说的话很不服气，想要跟妈妈争辩，被我制止了。这个小男孩就是一个很典型的例子，他认为自己长大了，有能力去做一些成年人做的事情，从某种意义上讲他认为他现在有独立的能力。虽然我们都知道他现在还不完全具备这个能力，但是也不应该直接否定他。他需要我们去引导，而这个引导的过程和方法是需要讲究技巧的，同时也需要耐心。特别是这个年龄的男孩，沟通教育都需要格外的注意，控制好情绪，适当的沟通和交流，既让孩子感觉到他自己被认可，同时也要向孩子传递很多事情他还需要经历积累经验，最后我们的目的是让孩子成人、成才。

初中的男孩慢慢有了小男子汉的想法，高中时期的男孩这种想法就会变得更加强烈。同样，在我读高中的时候，我也有类似的想法，时常会觉得父母说的话比较啰唆，甚至觉得父母跟自己有了代沟，说话都说不到一起，很多时候回到家就拿出一副所谓高冷的样子出来。但是母亲做了一件事让我改变了自己的想法，学会了体谅和理解父母。

　　我的高中是在我们镇上读的，所以每天放学回家都要经过那条两旁都是玉米地的小路。高一下学期的一天晚上晚自习刚结束，同学们都像脱了缰的野马一样冲出教室，因为下晚自习的时候已经是晚上九点，我也不例外，飞快地冲出教室准备奔向车棚，可是刚跑到教学楼门口的时候，看到外面下起了大雨，同时伴有大风，没带雨具的我顿时就傻眼了。住校的同学们都脱下校服挡在脑袋上向宿舍跑去，而我作为一个走读生只能傻傻地和部分同学一起站在教学楼门口，带了雨具的同学也都陆陆续续走了，我当时还心存侥幸，希望雨会停下来或者是小一点，但是等了一会我发现这是根本不可能的。老天爷像是发火了一样，雨越下越大。没办法，我只好硬着头皮跑向车棚，然后在雨中骑着自行车飞奔，瞬间整个人都被淋湿了。突然间我感觉心里特别的委屈，脸上留下了不争气的泪水。我不知道当时因为什么流泪，可能是因为这么晚还要骑自行车回家，还要被雨淋湿而感觉委屈。我的那点不争气的泪水在我的脸上基本上没有停留几秒钟就被大雨冲掉了。从校门口到那条小路都是油漆路，所以没过多久我就来到了那条小路。但是，真正的难题才刚刚开始。因为这条路是一条土路，被大雨一浇变得格外难走，没骑多远，自行车轮就被烂泥给塞住了，没办法我只能下车在一望无际的黑夜里蹲下来清理车轮，周围除了雨声没有一点声音，在那一望无际的黑暗中我显得那么渺小。正在我因为清理车轮而一肚子火气，加上之前的委屈，想要踹车的时候，前面突然出现了一点亮光。我心中的那份恐惧一瞬间减少了很多，就像是在沙漠中看到了绿洲一样，心中对那亮光充满了期待。但是我并不知道是谁，我以为是有人晚上走夜路，所以也没有想太多骑上自行车继续往回赶。因为雨太大，一直走到那亮光前方的时候我也没有看清楚那人是谁。突然我听到"涛"，我的心中咯噔一下，这不是母亲吗？我认真一看，母亲穿着雨衣拿着手电筒站在雨里，一瞬间我的心里变得无比踏实，眼泪再一次不争气地流了下来，心中的委屈和怒火在我听到母亲喊我的那一瞬间烟消云散了。母亲赶紧拿出为我准备好的雨衣给我穿上，然后我和母亲两人一起走回了家。到家之后，我问了母亲一句话："妈，这么大的雨还这么黑，你不害怕吗？"我从小就知道母亲不敢走夜路，但是我还是问了母亲。而母亲的回答让我至今难忘，母亲说："怕，但是我想到前面就是你，我就不怕了。"听完了母亲的回答，我又哭了。短短一个小时的时间我哭了三次，而这三次的情绪变化都是因为母亲，当时还是个少年的我心里暗暗发誓，我一定好好读书将来竭尽全力报答我的父母。"怕，但是我想到前面就是你，我就不怕了。"这句话从那天开始我就始终记着，可以说这句话已经刻在了我的脑海里了。转眼到了高二，由于学习压力越来越大，父亲和母亲决定让我住校，而父亲也打算不再出远门打工，就在附近的海域打工。因为从小没有离开过母亲，住校一个礼拜，母亲和父亲到学校来看我，父亲问我："在学校住的怎么样？还习惯吗？"我没有想太多随口说了一句："有点不太习惯，宿舍里的同学总有半夜不睡觉大声聊天的，而且卫生还不是很好。"而我的这一句不经意的话触动了母亲，母亲的眼睛一下子就红了，我知道母亲是不舍得我，担心我住得不好。从那以后我再也不让母亲担心，即使自己真的遇到了不顺心的事情也不会跟父母说，因为我从那以后真正地学会了理解和体谅。所以有的时候教育不需要太多的语言，一个动作，一个眼神都有可能起到惊人的效果，因为那都是最真实的情感表达——爱。

　　刚刚讲的大部分都是母亲跟我之间的事情，现在讲讲父亲对我的影响。因为我觉得在一个男孩的成长过程中，父亲的角色是最重要的。父亲的一举一动都是儿子的榜样，一个优秀的父亲必能教育出一个优秀的儿子。在大部分人的眼里父亲的形象都是高大，不会有太多的言语表达，更多的是精神上的影响。父亲这个角色不需要多高的学历，不需要多漂亮的外表，但在儿子的心里父亲就是天，只要有父亲在，天大的事情都不怕。我也一样，小的时候因为父亲常年外出打工，所以跟父亲的接触不是很多，但是父亲在我心中的形象一直都是无比高大的。读高中的时候，有一次我跟班级同学打架，把同学的耳朵打出血了。因为害怕，我和我们班体育委员跑出了教室。在外面待了一段时间后，我们两个打算回教室去，当我们两个走到教学楼前面的时候，我看到了父亲的摩托车停在那里，我知道父亲肯定被老师叫到学校了，心里当时还在想，老师的效率太高了，就这么一会的时间就把家长叫来了。虽然表面镇静，但心里还是有点害怕，害怕见到父亲之后，父亲会骂我甚至是打我，没办法，我只能硬着头皮回到了教室。走到教室门口，看到父亲、母亲、班主任、教务处主任都在那，当他们一见到我的时候，母亲直接就哭了，问我有没有受伤，而我只有低着头靠着墙站着。从他们的谈话中我听出来，父亲当时正在船上干活接到了母亲的电话，说我在学校打架了，父亲立刻扔下手里的活，骑着摩托车就从海边来到了学校。我当时心想，父亲一定特别的生气，再加上他当时还是在干活的情况下接到这样的电话，父亲不一定要怎么收拾我呢。但父亲只是站在旁边，一句话都没有说，连看都没有看我一眼。我心里更加的忐忑不安了。然后老师和家长沟通怎么解决这件事情，我在门口站了一会就让我回教室了，一直到晚上晚自习下课，我心里一直都特别的不安，因为父亲一句话都没有给我说，甚至都没有看我。我越想心里就越慌，心想着回家之后不一定要怎么收拾我呢。于是下了晚自习之后，我心惊胆战地回到家。一进家门，我直接回到了自己的房间，心里像揣了个小兔子一样。过了一会父亲敲了敲门，然后走进我的房间，这个时候的我一直低着头盯着书，其实根本就没有看进去任何东西，我低着头是因为我不敢看父亲。就这样过了一会儿，我感觉空气都静止了，然后父亲突然说了一句话，父亲说："今天的事情已经解决了，事情的原因我都知道了，以后有什么事情记得跟我说。"父亲说完这句话就出去了，留下我自己一个人傻傻地坐在那里，但是就是这几句话让我心里特别的温暖，让我感觉到很大的依赖感。那一瞬间我感觉父亲就像是一座大山，只要有父亲在我什么都不怕。转眼间，我高中毕业了，到了开学的日子了，我和别的同学报的学校有点不太一样，因为我报的学校在湖南，对于一个从来都没有出过市的孩子来说这无疑是一个比较大的挑战，我本想自己一个人到学校报到，可是距离实在是太远了，父亲执意要送我去学校报到，而父亲也从来没有去过湖南。晚上在火车上时，我没心没肺地睡了起来，而父亲却毫无睡意。在坐了几十个小时的火车后，我和父亲终于到了。到学校办理完所有新生报到手续之后，父亲说："好好照顾自己，我走了。"当时还处在比较兴奋状态下的我对于即将和父亲要分离没有多大的感觉，于是回了一句："好的，你注意安全。"然后学长带着我就往寝室的方向走去，走了几步，我突然间感觉我从现在开始就是自己一个人在远在家乡几千公里的地方生活了，一瞬间感觉特别的无助，然后我朝父亲离开的方向看了一眼，我看到父亲背着一个小包一步一步走远。这个时候我才真正感觉到我真的需要独立了，父亲不会像以前那样一直在我身边了，我盯着父亲的背影看了很久，一直到父亲坐上车。父亲在我的面前从来不会表达太多，但是做的却都是最贴心的。父亲的一举一动都对我的人生产生了很大的影响，一言一行都是我的榜样。

这就是我的爸爸妈妈，千千万万中普通父母中的一员。这就是我和爸爸妈妈的故事，我在一天天长大，故事也一直在发生。我喜欢这样为之普通但爱我不变的至亲，父母爱孩子是出于本心的，那么孝敬父母更是理所当然的。在这个孝行当下的新时期，在这个有着五千年儒家传统文化的国度里，我愿为孝为爱做一生代言。

（陈东毅）

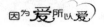

两代长辈，一样的爱

我平时是一个比较内向不善于表达的孩子，不论是在家里还是在公开场合都羞涩于表达自己的真实想法，展现自己。但是自从我遇到吕哥后，他对学生温暖灿烂的笑容、爽朗真诚的声音、亲和友善的形象，深深地感染了我。通过与吕哥一年的学习生活，在他无微不至的关爱和帮助下，我惊奇地发现，自己慢慢地发生了改变。例如，在学校课堂上主动发言，陈述自己的观点；在参加家庭聚会、爸爸妈妈朋友聚会时，我能主动与陌生人进行沟通交流；在参与一些公开场合活动时，敢于展现自我，勇于表达自己的观点和意见。更重要的是，在学习方面的自信心也得到了很大提高，对自己学习奋斗的目标更加明确清晰。今天我要以一个阳光自信的男孩形象和大家共同分享幸福家庭孕育我健康成长的故事。

我很庆幸自己能够生活在一个幸福、和谐的家庭，每时每刻都沐浴着幸福，沐浴着温馨，有爸爸妈妈始终如一的关爱陪伴，有姥姥姥爷风雨无阻的接送照顾，还有奶奶的美味佳肴，无不倾注了每个家庭成员对我浓浓的爱，点点滴滴的温暖着我的心田，时时伴随着我快乐健康地成长。

我的姥姥姥爷从我上幼儿园开始就一直坚持轮流负责我的接送，不管天气冷暖、不论刮风下雨，每当我从幼儿园或者学校大门走出来的时候，总能看到他们期盼的眼神，听到他们关切的问候，感受到他们温暖的关爱。随着时间的推移，我慢慢地从他们的怀里长大，从他们的后背上变得健壮，可是他们的两鬓慢慢地染上了白色，皱纹悄悄地爬到他们的脸上，弯曲的后背上总是不忘背着我沉重的书包，干瘦的大手总是不忘握着我的小手，一次次重复地步行于同一路途，为我保驾护航。记得有一次姥爷接我放学的时候，天上突然下起了大雨，而且还伴随着大风，雨伞几乎打不住。由于每天姥爷都会提前到学校门口等着接我，所以还没等到放学姥爷就已经被淋湿啦，不巧的是那天正好赶上我值日，所以我出来的比较晚些，当我来到学校门口的时候，隐隐地看见一个瑟瑟发抖的老人，两手极力撑着雨伞，胳膊紧紧夹着一件雨衣，站在雨水中翘首期盼。但当姥爷看见我的那一瞬间，流淌着雨水的脸上满是笑容。看到姥爷淋湿的样子我羞愧地说："姥爷对不起，我今天值日出来晚了。"而姥爷却说："没事，姥爷也才等了一会儿。"然后迅速地把雨衣套到我的身上，担心我被淋湿着凉。就这样，从幼儿园到小学，姥姥姥爷坚持了9载，不论严寒还是酷暑，始终如一陪伴在我的身边，用他们最无私的爱关心着我、保护着我、陪伴着我一路成长。

我的奶奶今年已经70多岁了，每周我和爸爸妈妈去看望她时，总会看到奶奶站在自家阳台，望着小区入口，期盼我的到来。每次我也总是第一个先跑进小区大门，和站在阳台的奶奶招手，因为我知道奶奶在等我，已经为我准备了喜欢吃的美味佳肴。平时我有什么需求，奶奶总是无条件地答应，虽然对我有些溺爱，但是我知道她对我的关爱如一盏明灯，永远照亮着我。

从我懂事的时候，爸爸在我的心中就如一座巍然屹立的大山，深沉、厚重。总让我感到踏实、信任、坚强。虽然爸爸平时很严厉，很少用语言表达他对我的关爱之情，但是他时时关注着我的健康成长，眼神中流露出浓浓的父爱，让我感到温暖和幸福。记得去年年底，正值圣诞节来临之际，爸爸叫我好好学习，承诺圣诞节带我出去痛快地玩一次。可是圣诞节那天放学接我的时候，发现我的脸红红的，额头很烫。回到家后，一量体温已经烧到了38度，爸爸征求我的意见想带我去医院就诊，可是我还是希望能够出去玩，特别不想到医院抽血化验打吊瓶。后来爸爸和我商量可以先吃药观察一下，如果持续发烧就必须带我到医院进行治疗。由于妈妈在外地出差不在家，当时只有爸爸一人负责照顾我。爸爸虽然给我吃了感冒药和退烧药，但他还是很担心我持续发烧，所以爸爸整晚几乎没怎么合眼，一直陪伴在我身边，观测我的体温状况。给我煮好梨水让我喝，发现温度高时，用酒精给我搓手心、脚心、前心后背，进行物理降温。第二天，我还是没有好转，爸爸就带我到医院就诊。由于医院就诊的人非常多，我们检查连打吊瓶用了5个多小时，期间爸爸一直也没能坐下休息，一会儿排队等待检查、取检验报告，一会儿取药，一会儿给我买水喝。医生说不能空腹打吊瓶，爸爸又去给我买吃的，汗水从他额头流了下来，也没顾得上擦，一直关切地询问我是否好点了。等回到家后，他又拿体温计给我测量体温，看到温度降下来，他才坐下休息。这时我看到爸爸偷偷地拿体温计给自己测量体温，然后快速甩动体温计。我好奇地问爸爸："你怎么也测体温呢？"他淡淡地对我说担心体温计不好用，担心我还发烧测不准。后来我才知道，爸爸因为照顾我没有休息好再加上被我传染他也发烧了，而且是39度5的高烧。晚上，爸爸担心交叉感染，就没陪在我的房间，可是他戴着口罩每隔一段时间都会到我的房间，悄悄地摸摸我的额头，看看我是否还在发烧。在爸爸的悉心照顾下，我打了两天的吊瓶，病情基本好转了。可是爸爸为了照顾我，自己只是吃点药硬抗着也没打吊瓶。虽然爸爸后来吃药烧也退了，但是他伟大的父爱深深得烙印在我的心中。父爱无涯，父爱如海，这份厚重的爱将陪伴我一生。

如果说父爱如山，那么母爱就如水，温柔、细腻、关爱、体贴无时无刻都围绕在我的身边。给予我生命的一切，默默无悔的奉献自己的青春与美丽，让我幸福、让我健康、尊重我追求我喜欢的生活，更赋予了我一个自由快乐的人生，她就是让我珍爱一生，永远放在心里最重要位置的人——妈妈！

记得五年级上学期的期中考试，我的数学成绩很不理想，心情很沮丧。我拿着卷子怀着忐忑不安的心情回到了家里，不知道应该如何和父母说我这次的成绩。当我把卷子拿到妈妈面前的时候，妈妈拿起卷子，没有对我的成绩进行指责，而是认真地查阅我卷子的丢分点。过了一会儿，妈妈说，来金泽，我知道你这次没考好心里也很沮丧，妈妈也希望你能取得好的成绩，但是我们不能纠结在分数上，而是应该分析清楚错题原因，找出哪些知识点还存在问题，妈妈帮助你改正陪着你再巩固一下相关知识点，只有这样才能提高分数取得优异的成绩。于是，妈妈和我一起耐心地对逐道题进行认真的分析：哪一道题是因为知识不扎实丢分的？哪一道题是因为马虎丢分的？哪一道题是因为审题不清丢分的？哪一道题是因为题型不会丢分的？妈妈耐心地帮我一一分析着、讲解着。不知为什么，我看着卷子的眼睛渐渐模糊了，一滴滴泪水滴到了卷子上。妈妈看到被泪水阴湿了的卷子，停下了讲解，心平气和地说："儿子，怎么了？"妈妈不问还好，这一问，我再也控制不住我的泪水，再也忍不住内心的愧疚，和妈妈敞开心扉，讲述了我最近的学习状态。我告诉妈妈，最近数学课的时候，心老是沉不下来，做题也毛躁，静不下心来。妈妈听了我的讲述，抚摸着我的头，说："儿子你的学习状态已经都呈现在这张卷子上了。既然你已经意识到了自己的问题，那我们就根据这张卷子的结果，一起来分析每一道丢分的题，来计划一下我们下一步应该怎样来做。"我欣然地点了点头，擦干了泪水，和妈妈一起认真地分析错题，并根据存在的问题制订了下一步的学习计划。妈妈的宽容和耐心教导，让我感受到她那份真挚的爱，懂得了父母培育我健康成长的不易。我默默地告诉自己，要更加努力学习，用自己的优异成绩回报他们的养育之恩。

　　我的妈妈又是一个懂得感恩的人。她总是对我说，要感恩每一个曾经帮助我们的人，要珍惜我们生命中遇到的每一个人。要尊师重道，珍惜身边的亲情、友情。从我记事起，妈妈就时常给一位奶奶打电话，电话中她们会聊很久，妈妈每次都会很细心地询问奶奶的身体情况。而且每逢节假日妈妈都会去这位奶奶家，给奶奶带一些日常用品和食品。妈妈对这位奶奶就像对待自己的母亲一样。慢慢地我才知道，这位奶奶是妈妈曾经的一位恩师。

奶奶的儿子在国外，身边没有子女照顾，妈妈就担当起了女儿的角色。在奶奶有需要的时候，妈妈总是第一时间赶到。平时，无论妈妈的工作有多忙，她都会经常给老奶奶打电话，时常去看望她。妈妈用她的实际行动教会了我尊师重道，教会了我感恩他人。我感恩我的每一位老师，感恩他们对我孜孜不倦的教诲，感恩他们为我们不辞辛劳的备课，感恩他们为我们无私的奉献。我感恩给予我帮助的每一位同学，是他们在我遇到困难的时候，伸出援助之手，让我的生活变得幸福温暖。我更要感恩我的长辈还有父母，是他们默默的付出和无私的奉献，陪伴我健康成长，感受家庭无尽的幸福温馨。感谢您们紧紧地握住我的手，陪我慢慢成长。也请让我尽快长大，陪您们慢慢变老。

（陈金泽）

第四篇：

"吕哥" 教育随笔

谁来为孩子的未来买单

昨天是新学期的小学第一节课，我还是抱着期待与兴奋的劲头迎接着每一个孩子的到来。早八点的课也好，下午一点的课也罢，无论什么特殊的时间点，孩子可以有情绪和困意，但作为老师就该激情澎湃、只增不减。

然而，这次的开学第一课，却重重地打击了一向激情的我，变得低迷。课后我在思考着……怎么了？脑海中回想着课堂的每一幕、每一个场景，我都乐不起来！原因是：看着每个孩子的状态：不认真、坐不住、爱讲话、一会一次厕所的溜达，写字坐姿看不出坐着的样子，不懂得举手回答问题，重点的内容不会记录，错字连篇，上课接话，面对错题不懂得整理，下课收拾东西拖沓等问题，任何一个问题都是很严重的。

如果不解决的话，我真不敢想这些孩子长大后会是什么样子。我是一个培训学校的老师，一周只上一次课，接触到如此多的问题，让我郁闷到如此程度，那么，孩子的父母及学校天天交流的老师会是什么心情呢？抱怨、担心毕竟不解决实际问题。这些问题的本身其实就是习惯，那么这些坏习惯究其根本又是哪里来的呢？我认为首先是家庭教育！家长的言行就真真切切反映出子女的实际问题，还有就是学校老师的责任和对教育的理解。师者，所以传道授业解惑也！仅此教书吗？错，更在于育人！指导学业，更要指导言行！所以北师大会有"学为人师，行为世范"的校训。家长有一句口头禅"老师一句话胜过家长千句万句！"那么暂且不说家长能力如何，总想把自己孩子的教育问题交给别人，把自己的孩子推给别人教育。作为孩子的父母！你看清楚这个老师真真正正的言行举止了吗？他会给孩子树立表率吗？如果一个老师都是出口不逊、毫无责任感的人，让他来教育你的孩子，你们想过孩子会形成什么样的习惯吗？

今天一些感受来源于内心，不吐不快。家长们，醒醒吧！注重孩子成绩固然重要，行为举止、品行习惯则更为重要。在孩子成长的过程中，所有参与孩子成长的人，尤其是教师，要先品人品，再品学品。培养一个懂礼貌、高情商的孩子远比一个能考高分却有很多短板的孩子更重要。也在此希望家长和老师多关注孩子的成长！给孩子一个榜样的力量！

（吕子恒）

成长中需要爱的加冕

不要轻易评价别人，尤其是成长中的孩子。每一个人都极其在意别人的评价，无论对方是谁，何种身份，都想清楚在对方心里的位置，在对方眼里自己是什么样子。虽说我们不能活在别人的生活里，要有自己的世界，但是我们又会纠结着答案。

话说，孩子在成长过程中会发生变化。也许，在老师的眼里，他只是个普通的孩子，甚至是个问题学生，但他不是个坏孩子，不是个无药可救的孩子，给他成长的时间，给他改变的机会，相信他能变得足够优秀。信任孩子就是给孩子成长最大的礼物，也是最好的教育！

　　我在教学中遇到过这样一个男孩，他学习成绩不好，并且习惯很糟糕，上课总会坐在后排不自觉地和旁边的同学讲话，或看手机，或看小说，好多老师接触到他的时候都会出现这样几种结果，要么批评他，他抵触反感；要么任由他放纵，他几度犯错，影响同学。

　　面对一个这样的孩子，试想，如果他是你的孩子呢，你会放弃他还是试图改变他！这样的假设在教育中是缺失的，但在我的课堂上，我选择了给他爱和信任，我每一次课给他的眼神都是坚毅的，不曾流离，我要告诉他，我非常喜欢你，你和别人一样，都是我最爱的学生。然后我会说，我深知改变一个问题，甚至长时间积聚下来的坏习惯要想短时间改变有多难，甚至不可能，我知道你也特别想去好好学习，但遇见难题的时候又退缩了，不好意思求教于老师，怕老师会因为简单的问题来嘲笑和呵斥你，所以，没这份勇气，但今天我要告诉你的是，我愿意陪你走出最艰难的改正习惯的路，我会给你时间，一个月，两个月，甚至更久。我在表达的全过程眼神很温和，从未离开孩子。孩子听完我的一番话，头低了下来，拿起笔记本，开始写了起来。接下来的日子，每每上我的课时，他都分外认真。当然，也有坚持不下来的时候，这时我的眼神和微笑永远会给孩子无尽的力量！

　　爱孩子是最美的、最神奇的教育方式！不要随便定义每一个成长中的孩子是坏孩子，因为孩子的内心正渴望着被肯定、被爱！

（吕子恒）

吕哥全新解读青春期话题

"爱"是一个多么温暖有力量而又有情怀的一个词语，爱一个人，是让对方感受到幸福、温暖，和存在的价值。

因你的存在，他（她）愿意表达，愿意倾诉。当爱一个人有的时候会感觉到疲惫的时候，这种情况的出现，其实就是曲解了爱，没有理解爱的真实含义。性格的原因也许会让我们情之所至，有好多时候是因为特别在意，才会让自己变得无所适从，甚至变得控制欲冲昏大脑。但往往这样的情况不是真正的爱，是爱自己，没有真正地懂得对方要什么，没有站在对方的角度思考问题，总是主观地发来自己的意见。这样的人习惯的口头语是"我觉得""我认为"，其实，当你觉得怎么样的时候，可能别人不这样认为，但你这样的说话方式足以证明出你是一个活在自己世界里的人。这样的人不会换位思考，活得很累，在工作中也是一个特别强势的人，可以肯定的是这样的人能力很强，会做很多事情，愿意挑战，但这样的人大部分都有些自恋，甚至有强迫症。其实，这样的人本性很好，但由于自己的性格原因，活不出自己，时常感觉不快乐、不痛快，好像全世界的人都去误解他，有时还悲观厌世。这部分人对待孩子也会误认为，孩子是自己的所有，自己的东西，要让她快乐，要让他幸福，要让他享受优质生活，要让他人前显贵，要让他未来生活更好，所以要让孩子从小学习好，多报辅导班，多学习，多运动，也就是但凡他自己觉得对的，都会去让孩子做，并且必须做。

但当孩子进入青春期，接触了更多的想法、更多的人，读的书也越来越多，有自己的见解、见地的时候，他就会有选择地听取，不会像小时候那样言听计从，唯唯诺诺。这个时候我们的孩子正逐渐出落成一个有独立思想的大孩子，而我们做家长的还一味的要求、给予，不会去倾听孩子的想法，孩子就会反感、抵触，甚至会和家长发生言语冲突。这种情况家长往往接受不了，也就会认为孩子到了"青春期叛逆"。其实，孩子本无青春期叛逆一说，只是孩子成长了，而我们家长没成长。所以我们应用成长的想法和方法来面对不断长大的孩子，而不是用我们的言论来左右孩子，甚至激怒孩子。这样的家长就是我刚刚说的不懂得爱的人。我接触上万名家长，孩子身上出现的问题往往就反映出了家长的问题。我们苦于教育子女的问题，其实我们应该明白，不是孩子的问题，而是我们的问题，面对成长中的孩子我们没有准备好，是我们的性格以及习惯影响了孩子。孩子本来天真烂漫，我们不能拘泥于孩子的成长，应让孩子像大自然的花草一样，自然快乐地生长。所以，家长的成长，就是孩子最大的幸福！

家长的性格决定了家庭的幸福指数。父母多读读书，多走近孩子，不要跟风教育，自己的孩子，要用适合自己孩子的方法去教育、引导。我们感谢孩子出现在我们的世界里，他们的存在，让我们成长起来，那我们给予孩子的是真正的爱吗？希望彼此的出现，将是最美好的遇见！在此，感谢所有的读友，谨以此篇、此观点送给成长中的自己，勉励成长！

（吕子恒）

来，拥抱一下

今天女儿没有睡午觉，刚吃过晚饭就困的用小手直揉眼睛。但是只要能挺住，她每晚都会坚持等爸爸回家后再睡。果然，没一会儿就听见用钥匙开门的声音，是爸爸回来啦！女儿本来已经无精打采的眼睛又像点了灯一样发出光亮，瞪着双眼往门外看。父女俩已经习惯了，爸爸进门后一定要先抱抱女儿，女儿也一定要爸爸抱一会儿才肯去睡。大概五分钟左右，女儿实在太困了，才主动从爸爸怀里挣脱出来，想找妈妈去睡觉。我接过孩子的一瞬间，爸爸还没抱够女儿，就张开双臂对女儿说："来，拥抱一个，再睡！"说实话，这一幕我既感到欣慰又有点羡慕，欣慰的是女儿能从小就生活在一个敢表达爱，充满爱的家庭，让她时时刻刻感受着家人的爱。羡慕的是，爸爸能这样直接的表达自己的爱。这在我们小时候比较传统的家庭里是很少有父母会这样直接表达自己对子女的爱的。尤其是我们已经习惯了含蓄、习惯了委婉。面对孩子，竟然连最直截了当的"拥抱一下"都不好意思说出来。其实，孩子们的内心世界里，她们是懂得的，知道爸爸妈妈在以什么样的方式爱着他们。她们需要这些最简单的爱的表达。

记得我读《追风筝的人》时内心总是感觉有某种情感被压抑着，作者在孩童时特别渴望爸爸能够拥抱一下自己，甚至当政变发生，街上充满枪声，他的爸爸在慌乱之中把他抱起来，他的内心第一感觉是高兴的，他不再恐惧，只要在爸爸怀里就好。他还一度很羡慕家里的仆人，因为仆人虽然生活普通，却经常能得到爸爸的拥抱，能感受到爸爸的爱。而他的爸爸可以给他上层社会的生活，给他买别的小朋友都没有的玩具，唯独没有时间给他拥抱，好好陪陪他。小说读的我都心疼，觉得这个缺失了父爱的孩子真的好可怜，他的内心是寂寞的，可是爸爸偏偏不给他最需要的拥抱。

教育心理学上讲，孩子尤其是 0 到 3 岁的幼童是通过皮肤来感受爱的，而且会经常处于饥渴状态，需要父母多拥抱、爱抚来满足他们的需求，从而促进他们的心智发展。如果这一时间段父母没有满足孩子爱的需求，将来就会在孩子成长的过程中留下隐患。所以，知道了这些就不难理解为什么孩子总是张开小胳膊站在妈妈面前说"抱抱"，知道孩子为什么每天晚上睡觉一定要贴着父母才肯睡着。所有的这些都是因为他需要感受父母的爱，就像渴了会喝水，饿了会吃饭一样自然。所以，各位家长请珍惜孩子还粘着你的日子吧。拥抱不仅是一个仪式，而且是关于爱的真切的表达。在孩子成长的路上，多给他一些拥抱，多一些陪伴，多一些爱的表达，这比什么都重要。因为，孩子需要。

（王　畅）

做一个会教课的人

有一定教学经验或在教学中愿意投入精力并不断进行教学思考的老师都会提出教法上的创新。对于有责任心的好老师而言，备课是必然的。备课不仅仅是梳理知识点，更要思考内容的表达方式，用什么样的语言讲解学生更容易接受，这点想必是我们大多数老师缺少和不具备的。我们每天讲解的知识点是熟悉的，但是学生的情况和情绪是变化的，不同的孩子、不同的班级接受讲课的风格是不一样的。所以，要想做个好老师首先要清晰地了解每个孩子的特点，找到一种他能接受的方式来交流！对于班课，我更为看重的是通过一定的努力、一定的教学思考营造出的一种课堂氛围，一种符合班中大多数孩子特点的教学风格，也就是班风。良好的班风一旦形成后，老师的教学就会方便得多。所以，老师不愿意让学生轻易调班课，是有原因的，因为每个班的文化不同，他们的学习特点、接受能力、整体状态等都不尽相同。

做好了这样的准备，接下来需要做的就是课堂授课的内容了。老师应该在准备每次课时，先定个小标题、小课题，也就是所谓的微课，它具有更直接、更形象、更简短的特点。课堂上用清楚明了的方式传授给学生，并且要求学生反复加以练习、掌握，而练习的方式也有好多，如刷题、口头复述、小组讨论，但我更喜欢的方式是让孩子走到讲台前面当着大家的面来讲解自己对内容的理解，我觉得做这件事消耗的时间成本是有一定意义的。因为你会通过学生的讲解，更进一步地了解他或者更多孩子们掌握的知识情况，也能培养学生的表达能力，提高自信，尤其对于一些平日里不愿意表达的孩子更是难得的锻炼机会。在指导课程时，我认为还是应该在重点、难点等关键点上反复加以强调，不仅是为了让学生加深印象，更重要的一点是学生能够举一反三，提出新想法、新思路。另外，老师必须有清晰的板书，这样更方便学生记录笔记。一节课学生的状态需要老师来调剂，老师要有调动、设计课堂的能力和意识，课堂的形式多样化会更吸引孩子。好的老师，在专业水准保证的情况下，更应该思考如何能够让学生更好地学进去，学得好。学生喜欢一位老师的课，绝不仅仅是因为老师讲得清楚明了，更主要的是老师投入大量的教学思考和心血，永远激情澎湃，永远全心全意！

（吕子恒）

现在的孩子最该学什么

现代国人伦理道德的丧失归根到底就是因为道德底线的缺失，没有宗教信仰的约束，又丢掉了道德美学的判断力。

一个有五千年文明史的泱泱大国，还在老人跌倒该不该扶的问题上纠结，儒家讲：修身，齐家，治国平天下！

在物质基础迅速发展的当代，人们为生活所迫，没有坚实的文化基础，在灯红酒绿的世界里迷失了自己。

这让我想起了我们初中的校训：做一个合格的中国人！现在的我们却成了国外奢侈品品牌的奴隶，为了买部苹果手机，竟然去卖肾，身体发肤受之父母，一个初中生的价值观竟然扭曲到这种程度。

社会的悲哀，教育的责任，现在的孩子需要学习中国的传统文化，需要明白人法地，地法天，天法道，道法自然的道理，明白什么是仁义礼智信。

其实总结起来也就是我们的二十四字社会主义核心价值观，道德应该从娃娃抓起。

（吕子恒）

因为爱，所以爱上课堂

我的女儿快 18 个月了，自己的孩子怎么都稀罕不够，每到周一我休息的时候，开心的莫过于陪着爸妈和孩子。父母年龄大了，休息的时候就必须抢过来多带会，让老人休息休息！今天也是早早地吃过早饭，一般都是这个样子的，妈妈先哄女儿吃饭，然后自己最后一个吃，所以女儿和奶奶最亲。女儿很会表达爱，拥抱或贴下脸，有时我会主动要求女儿亲下，女儿就抱住我的脖子，用力地亲一下，那一刻，最幸福！我正感受着这份甜蜜的时候，女儿要挣脱下来，我原以为女儿要去玩耍，而万万没想到的一瞬间一直温暖到我心里，从我怀里挣脱出去后，跑到奶奶的跟前，抱住奶奶，亲了奶奶一下，然后又跑向了爷爷，亲爷爷一下。我们在开心地享受这份甜蜜的时候，不禁让我为女儿的懂事而欣慰！是啊，那么小的女儿都懂得考虑每个人的感受，而作为我们大人呢，作为一名老师对于渴望得到爱的孩子呢？我反思着自己，回放着自己的教学经历！

一节课堂上，作为老师应深切地了解到每个孩子的特点，有的喜欢表达，而有的羞于表达，爱表达的孩子课堂表现的机会就多，但不爱表达的孩子在等待着那份被认可。这时老师该如何做，在课堂上很重要，我想给每个孩子公平的机会是必需的，积极表达的孩子要培养他沉稳、周全、准确，而不善于表达的孩子要走近孩子，低下头，语气轻柔，先看孩子的学习情况，然后给他一个鼓励的眼神、信任的眼神。一个轻轻地走近，一个暖暖的鼓励，无距离的交流，孩子会放下一些顾虑，愿意表达与倾诉。当然，孩子回答问题的时候，你的眼神是和善的、信任的、肯定的，并且在孩子回答时，有技巧的提示会让孩子放松下来，孩子回答完问题一定给出点评，要鼓励在前，不足在后。老师要切记不能在讲台远远地提问，一节课不走近孩子，这样孩子就不会和你走近，讲课效果就不会出来。在教学中，老师就是最优秀的演员，老师不仅需要形象生动地教学，更需要体贴入微的关注，老师的眼神、语气会走近孩子心里。每个孩子都需要老师的关爱，老师因材施教也尤为重要。下课时老师的一句问候和提醒，一个轻轻地拍打，一个大大的拥抱，都会让孩子感到老师对他的关心，爱护，进而充满自信。

（吕子恒）

请保持适度距离

上中学的时候，我特别爱学语文，加上语文功底还可以，所以课堂上经常得到老师的表扬。很多时候，班里其他同学答不上来的难题，我都像知音一样，一下子说中老师想要的答案。那种兴奋劲儿和骄傲劲儿至今记忆犹新。每次我在课堂上抬头，与老师的目光相遇，老师都会冲我笑笑。看久了老师赞赏的目光，微笑的面容，我发现我越来越爱上语文课了，甚至希望每节课都能上语文。我感觉刚刚懵懂的年纪里，我内心里是很喜欢语文老师的，而这种喜欢是源于崇拜，而又不止于简单的喜欢。我总是期待着老师能在课后和我聊一些与学习无关的事，但老师好像很不解风情，每次都是解答完问题就走人。课堂上很和蔼可亲，课下却又很疏远，让我永远处于只喜欢语文而非语文老师的状态。后来我长大了，离家乡越来越远，时常回忆起这位老师，我很感激他，也很敬重他。

记得我上大学时，第一次师生见面大会上，轮到一位在学校担任管理职务的老教师发言，与其说是讲话倒不如说是嘱咐，他说你们都是年轻人，只身一人远离家乡，要懂得保护自己。不能把老师对你的明显偏爱当成是简单的喜欢，女孩子一定要自尊、自重、自爱。只有你自己尊重自己了，别人才会尊重你。尤其是你们将来都是要当老师的，更不要轻浮，要时刻以为人师表的高度来要求自己。这是我第一次见到把老师和学生之间的暧昧拿到几百人的大会上来讲，而且是语重心长。想必在学校的教职工大会上这位老教师也会一样嘱咐各位老师：学生的父母亲都远在千里之外，他们把孩子交到我们手里，我们一定要负责任，尤其我们师范院校，更要为人师表。所以，说来也怪，在我读大学期间，网上经常会曝光大学教授和学生之间的不正常关系。但我们学校的教授都像父母一样既严厉又慈爱。毕业后，我时常回想母校，回想母校的优良传统和良好风气。我也一直牢记：学高为师，身正为范。不能辜负母校的教育，更不能辜负老师的称呼。

工作以后，跟学生接触多了，总会遇到情窦初开的大男孩们一见到我就开一些不伦不类的玩笑。每到这时，我都会想起我的中学语文老师，想起大学第一次师生见面大会上那位老师的嘱咐，想起那些时刻谨记"为人师表"的老师们。瞬间我就会觉得这些孩子们只是想在我这找到他们无处安放的青春而已。但孩子们可以不懂事，我必须懂事，老师和学生的距离很大程度上是由老师来把握的。面对这种情况，我总是淡然处之，当学生想用玩笑戏弄我时，都会明显感觉到我对此并不感冒，让他们明白我也是一个"不解风情"的人。他们觉得自讨无趣，也就不再哗众取宠了。

　　其实，学生喜欢老师很常见，因为老师知识渊博，因为老师玉树临风，因为老师温文尔雅……学生可以有一千种理由喜欢上一个老师，但老师只要做一件事就足以让学生发乎情、止乎礼，那就是保持适度的距离。

（王　畅）

王畅：
中共党员
中学一级教师
历史教学新秀

王老师认为，没有良好的家庭教育很难培养出品学兼优的学生；课堂不仅要传播知识，还要渗透德育。

因为爱，所以爱

YINWEIAI
SUOYIAI

责任编辑 于盈盈

封面设计 韩 实

ISBN 978-7-5610-9003-9

9 787561 090039 >

定价：50.00 元